Coaching
Ministerial

..Até que cheguemos à perfeição...

Copyright© 2017 by Literare Books International
Todos os direitos desta edição são reservados à Literare Books International.

Presidente:
Mauricio Sita

Capa, diagramação e projeto gráfico:
David Guimarães

Revisão:
Bárbara Cabral Parente

Gerente de projetos:
Gleide Santos

Diretora de operações:
Alessandra Ksenhuck

Diretora executiva:
Julyana Rosa

Relacionamento com o cliente:
Claudia Pires

Impressão:
Rotermund

Dados Internacionais de Catalogação na Publicação (CIP)
(Câmara Brasileira do Livro, SP, Brasil)

```
Nobre, Ariel
    Coaching ministerial : -- até que cheguemos à
perfeição -- / Ariel Nobre. -- São Paulo : Literare
Books International, 2017.

    ISBN: 978-85-9455-038-5

    1. Coaching 2. Cristianismo 3. Liderança cristã
4. Igreja - Administração 5. Ministério cristão
I. Título.
```

17-06453   CDD-253

Índices para catálogo sistemático:

1. Coaching ministerial : Liderança cristã :
     Cristianismo   253

Literare Books International

Seja nosso escritor, entre em contato por um dos canais abaixo
e peça mais informações.

Rua Antônio Augusto Covello, 472 – Vila Mariana – São Paulo, SP
CEP 01550-060
Fone/fax: (0**11) 2659-0968
site: www.literarebooks.com.br
e-mail: literare@literarebooks.com.br

SUMÁRIO

Agradecimentos	**5**
Prefácio	**7**
Apresentação	**9**
Introdução	**17**

Capítulo 1
Prosseguindo para o alvo 23

Capítulo 2
A estatura da perfeição 33

Capítulo 3
Dando os primeiros passos
no coaching 45

Capítulo 4
Três palavras e um
mesmo propósito 61

Capítulo 5
O coaching e
o Reino de Deus 77

Capítulo 6
O coaching na Bíblia 105

Capítulo 7
Jesus, o coach dos coaches 123

Capítulo 8
A meta inteligente de Jesus 135

Capítulo 9
Coaching ministerial 141

Capítulo 10
Entendendo o
método pescador 155

Capítulo 11
O coaching e
o ministério quíntuplo 177

Capítulo 12
As fases do
Coaching ministerial 189

"E ele mesmo deu alguns para apóstolos, outros para profetas, outros para evangelistas, outros para pastores e mestres, tendo em vista o aperfeiçoamento dos santos, para o trabalho do ministério, para a edificação do corpo de Cristo. Até que todos cheguemos... a varão perfeito, à medida da estatura da plenitude de Cristo, para que não mais sejamos meninos inconstantes, jogados de um para outro lado e levados por todo o vento de doutrina, pelo engano dos homens que, com astúcia, enganam fraudulosamente. Antes, seguindo a verdade em amor, cresçamos, em tudo, naquele que é o cabeça, Cristo. Da qual todo corpo, bem ajustado, e ligado pelo auxílio de todas as juntas, segundo a justa operação de cada parte, faz o aumento do corpo, para sua edificação em amor."

(Efésios 4:11-16).

Agradecimentos

Em primeiro lugar, quero agradecer ao meu Deus, Senhor dos Céus e da Terra, criador de todas as coisas, minha Força, meu Escudo, e minha Fortaleza. Sem Ele eu não existiria.

A Jesus, meu coach, que me conduz e me incentiva a prosseguir no rumo da estatura de varão perfeito. Obrigado, Senhor, por sempre me levar a ir um pouco além do que já consegui ir.

À minha família, meu maior tesouro na Terra, que tem sido meu esteio e minha motivação maior. À Anna, minha doce e adorável esposa, que me inspira a ser cada vez mais a versão melhorada do Ariel Nobre.

À minha mãe, Nazaré Nobre, que foi uma mulher notável, guerreira, de bem com a vida, que nos inspirava a felicidade. Meu Pai, Abias Almeida, um homem que colocava sempre a família em primeiro lugar. À minha sogra, pastora Lourdes dos Santos, que é um presente de Deus em nosso lar. Ao meu sogro, Clóvis Edgar, que nos anos em que convivemos sempre foi um exemplo de brio e tinha muita vontade de viver.

Coaching Ministerial

Foi um vencedor em seus últimos dias.

Aos meus discipuladores atuais, Aps. Renê e Ana Marita Terra Nova, e aos primeiros discipuladores no Ministério Internacional da Restauração, os Aps. Wagner e Adriana Pacheco, pelo exemplo de dedicação ao Reino de Deus. Sem esquecer do meu primeiro pastor, pastor Firmino da Anunciação Gouveia, da Assembleia de Deus, em Belém do Pará.

Aos nossos discípulos, que acreditam em nosso ministério. Sem eles, não teríamos como eu aprender o que é servir no Reino de Deus e nem como aprimorar a arte da liderança.

E, por fim, a todos os amigos coaches por esse Brasil, que nos inspiram a ser cada vez mais intensos, na preparação de um caminho melhor para o coaching no mundo.

Prefácio

O esforço é um dom que não é competência de qualquer um; quando entramos no campo de coaching nos encontramos com o universo dos esforçados, daqueles que são desejosos a mudanças e ampliação da sua geografia mental. As pessoas são necessitadas desse esforço para terem êxito em suas jornadas, porém, muitos param em meio ao caminho e não se esmeram para cumprirem o propósito.

Quando treinamos nossa mente damos uma oportunidade a nós mesmos para que o sucesso nos alcance. Porém, como adquirir esse êxito e se deixar ser treinado? Como posso gestar uma mudança se não oportunizam campos facilitadores? Foi pensando nisso que o autor decidiu entrar em lugares novos, aplainar caminhos e facilitar rotas, para que você pudesse chegar mais veloz a sua meta, e obter maior sucesso na sua história. O autor se preparou como um bom PQD "paraquedista", que sabe dobrar o seu paraquedas, gerar coragem e fazer o salto. Claro, que com instrutores capacitados para que todo projeto desse um impulso no seu currículo de vencedor.

Coaching Ministerial

No século dos iguais somente os diferentes farão a diferença, pois os iguais não fazem história, os diferentes são a história. Esse livro o colocará na senda dos diferentes, lhe dará pistas como uma bússola certeira, e com certeza o ajudará a se encontrar com seu destino: o êxito.

Ariel teve a percepção correta, não se negou a entender o processo de coaching, mas o mais poderoso é: ele criou códigos facilitadores para levar os leitores e treinados para um pódio jamais imaginado, de fato, alçando o voo de um vencedor. É exatamente isso que esse livro fará com você. Te levará para um voo de vencedor. O livro Coaching Ministerial é como um plano de voo, e com destino seguro.

Bem, o coaching é um resultado de esforço, em que os que saíram do leito acomodado terão um resultado acima do esperado. Ariel é esse treinador, motivador dos seus novos sonhos, e plantará essa semente de esforço em sua mente para que você logre êxito do sonho do seu coração. Esse livro se parece com você, alguém que com esforço faz a vida acontecer e o sucesso se manifestar.

Recomendo.

Renê Terra Nova
Autor de mais de 150 títulos.

Apresentação

O livro Coaching Ministerial é um daqueles livros que nos surpreende e que surge como um diferencial para esta geração, pois se trata de um conteúdo extraordinário que tem a proposta de se transformar na mente e no coração de cada leitor, uma ferramenta que ajudará a maximizar o potencial do líder, fazendo de cada cristão sério candidato a um "atleta espiritual'" mais do que vencedor.

Esse "atleta espiritual" persegue o prêmio da soberana vocação, prêmio este que se revela nas linhas deste livro como a coroa de perfeição em Cristo Jesus, como diz o apóstolo Paulo, que traça a meta do cristão como sendo o prêmio da soberana vocação e que para isso deve deixar tudo para trás e prosseguir para o alvo, que está vinculado ao alcance da estatura de varão perfeito.

O Coaching Ministerial revela um novo patamar do coaching, pois insere essa ferramenta no contexto do Ministério da Igreja de Cristo, tendo como objetivo preparar cada sacerdote e líder ministerial em um

Coaching Ministerial

grande atleta que percorre a maratona da alta performance no ministério, até atingir o nível da maturidade que o conduz à excelência.

Todo líder cristão que deseja desenvolver suas habilidades de liderança, precisa e deve prestar atenção nas palavras deste livro. Tenho a absoluta certeza de que assim, cada sacerdote, apóstolo, profeta, mestre e líder que pertence a Igreja de Cristo será treinado a promover o crescimento e maximização do potencial de seus liderados.

Eu quero recomendar o livro Coaching Ministerial, escrito por um homem de Deus que tem demonstrado muita seriedade e dedicação em seu Ministério de Coaching Educacional, e através desse ensino encontrar verdadeiros diamantes na face da Terra.

O pastor Ariel Nobre tem se apresentado como um verdadeiro convergente na Missão a que foi chamado. É um eterno apaixonado pelo que faz e sério profissional que ama o seu legado, sempre fazendo de tudo para alcançar a excelência, e que tem se esforçado em cumprir fielmente o seu chamado. E, agora, Deus o tem conduzido para conquistar territórios novos, para que venha colher os frutos de sua apaixonante profissão. O coach Ariel tem se aprofundado na arte de fazer coaching, e propõe um fundamento sólido baseado nas escrituras, mas que, ao mesmo tempo, se faz contemporâneo para um mundo globalizado e dinâmico, propondo utilizarmos a ciência moderna a favor do Reino de Deus.

Dr. Fernando Guillen – Chanceler do Instituto de Liderança Wagner da América Latina

Apresentando o Coaching Ministerial

Eu quero primeiramente tranquilizar todos que se preocupam com a preservação da doutrina pura e verdadeira, através da busca pelo alicerce das Escrituras Sagradas e que sempre estão dispostos a defender o Evangelho, com temor e respeito à Palavra de Deus. Estes avaliam com cuidado a chegada de qualquer movimento na igreja cristã, para ver se por algum motivo ele se distancia das veredas antigas, como faziam os bereanos, que submetiam qualquer doutrina à prova das Escrituras.

Se, para o mundo corporativo no Brasil, o coaching ainda se apresenta como novidade, apesar de já estar há mais de vinte anos no mercado, e cada vez mais ganhando espaço considerado nas empresas, na igreja é algo mais embrionário, pois ainda está muito recente nos âmbitos doutrinários cristãos e, por esse motivo, causa muita estranheza e ainda encontramos uma certa resistência por parte de muitos líderes.

É nesse contexto que eu apresento o Coaching Ministerial, que chega então como uma certa novi-

Coaching Ministerial

dade para o Corpo de Cristo. Isso para alguns pode representar um certo perigo para as santas doutrinas do Evangelho. Afirmo isso, antecipando que alguns imaginem que o Coaching Ministerial se trata de uma nova visão doutrinária, e que tem o objetivo de tomar conta dos púlpitos cristãos, ou até mesmo que surgiu como uma nova estratégia de crescimento da igreja, para suplantar o sistema atual adotado pelas denominações, das mais tradicionais até as mais recentes ramificações da Igreja de Jesus Cristo.

De antemão, quero afirmar que o tema deste livro não traduz uma nova liturgia, criada para esse fim. Antes, nos apresenta ferramentas de auxílio para o Ministério do Corpo de Cristo, de qualquer denominação e de qualquer base doutrinária cristã, seja ela de uma linha histórica, pentecostal ou neopentecostal.

E também quero remover qualquer sentimento de que o Coaching Ministerial pode trazer o humanismo para dentro da igreja, pela associação que muitos fazem entre o coaching e o humanismo clássico, em detrimento do senhorio de Cristo sobre os discípulos fiéis da Igreja do Senhor Jesus.

Na verdade, o Coaching Ministerial é uma proposta de apoio aos fiéis soldados de Cristo, que têm o despertamento vocacional e ministerial, e que exercem seus ministérios na igreja, junto à comunidade local, no afloramento dos potenciais pessoais de cada discípulo, e no auxílio dos treinamentos de grupos e equipes que têm o objetivo de alcançar a alta performance ministerial.

Assim, reforço que o Coaching Ministerial não vem com a proposta de ser uma nova forma de se fazer igreja. Também não é um novo tipo de doutrina teológica, tampouco uma nova visão, ou até mesmo uma nova moda de evangelismo. Trata-se apenas de uma modalidade de coaching que estimula o aprendizado de novos hábitos entre os irmãos na fé em nosso ministério, para o crescimento do corpo de Cristo.

Além disso, vem para ajudar cada cristão a compreender o verdadeiro propósito do Ministério Quíntuplo, descrito em Efésios 4:11, que é o de edificar o Corpo de Cristo e aplicar disciplinas de aprendizado, que constroem um pensamento sistêmico na igreja.

Faz-se necessário estes esclarecimentos iniciais para tratarmos o assunto com liberdade, leveza de espírito, e tirando toda e qualquer dúvida da importância do Coaching Ministerial para a igreja, que tem a premissa de servir o Corpo de Cristo, com toda dedicação, instrumentalidade, incentivo e auxílio para alcance de alta performance ministerial, pela simples compreensão de que somos a igreja que aprende.

Nas páginas do livro Coaching Ministerial, você encontrará toda base conceitual do coaching, saberá as diferenças entre o coaching tradicional e o coaching cristão, conhecerá exemplos bíblicos de "sessões" de coaching, fundamentação do Coaching Ministerial e muitos outros elementos que irão te ajudar a conhecer profundamente sobre a dinâmica desta ferramenta.

COMO SURGIU O COACHING MINISTERIAL

Após experimentar o conhecimento do coaching,

Coaching Ministerial

tendo experimentado a formação Professional and Self Coaching, no ano de 2012, que mudou radicalmente a minha performance pessoal, decidi abraçar o exercício da profissão de coach, tendo a feliz experiência de participar na transformação de dezenas de clientes, em mais de cinco anos de experiência.

Isso me trouxe maior motivação para ir atrás de um conhecimento ainda mais amplo, fazendo as formações de Líder Coach, de Análise Comportamental, e do Business Executive Coaching, do Master Coach e pós-graduação em Gestão de Pessoas com Coaching, nos anos seguintes, em São Paulo, pelo Instituto Brasileiro de Coaching (IBC), atuando desde então no campo empresarial, e presenciando a mudança no corpo de colaboradores de várias empresas, e de grupos e equipes que passaram a acreditar neste processo acelerador de resultados.

E após perceber que no âmbito cristão temos carência de ferramentas que nos ajudem a transpor os limites dos resultados individuais e de grupos, resolvi acreditar que poderíamos experimentar a metodologia do coaching aliada à nossa fé, servindo de instrumento de alavancagem para atingirmos a alta performance ministerial.

O ano de 2015 começou de uma forma especial. Fui chamado para renovar um processo de Coaching Empresarial, com um de nossos clientes, e o tema escolhido para os 12 meses correntes foi "Integração" entre as equipes. Escolhi então a matéria "A Quinta Disciplina", de Peter Senge, para trabalhar a evolução da Pensamento Sistêmico dentro daquela empresa, e isso me trouxe um leque de conhecimentos magníficos que se encaixam perfeitamente para o desenvolvimento do Coaching Ministerial.

Pesquisei e encontrei pouquíssimos materiais de coaching voltado para o discipulado cristão, o que nos mostra que ainda estamos na superficialidade do tema, em se tratando de ambiente educacional entre nós, cristãos. É o momento de conhecer o Coaching Ministerial.

INTRODUÇÃO

Levado por um sentimento de contribuir para o crescimento do Reino de Deus, e consciente de que temos a necessidade de encontrar uma maneira prática e simples de discipulado, que estimule cada servo de Deus a progredir em sua vocação e chamada, é que escrevi o livro Coaching Ministerial – Até que cheguemos à perfeição, no intuito de ajudar os discípulos de Jesus Cristo a cumprirem o ministério determinado pelo propósito divino a cada um dos seus filhos.

Depois de analisar vários tipos de líderes que se apresentam em nossa geração e perceber que muitos desses líderes não sabem conduzir suas equipes para a capacidade máxima de produtividade, faz-se necessário repensarmos a nossa forma de liderar e chegarmos a um novo modelo de liderança, capaz de estimular e extrair o melhor do potencial de cada discípulo, mostrando-lhe o caminho do êxito, através de ferramentas importantes que o levarão a atingir o alvo principal da Igreja de Jesus, que é o de chegar à estatura de varão perfeito, à medida da Plenitude de Cristo.

Coaching Ministerial

E, tendo em vista que, nos últimos dias, as ciências humanas têm se multiplicado, não sendo por isso, necessariamente, um entrave para o crescimento do Corpo de Cristo na face da Terra, devemos utilizar o conhecimento a nosso favor. Apesar de alguns cientistas terem se levantado, no passado, contra a fé em Deus, hoje, esta mesma ciência tem colaborado para comprovar a veracidade da Palavra de Deus.

E consciente da promessa de que, no Tempo do Fim, Deus levantaria pastores e líderes com sabedoria e inteligência do alto, creio ser possível aliar os benefícios da ciência aos princípios eternos, imutáveis e sempre verdadeiros da Palavra de Deus.

E agradecido a Deus pela oportunidade de conhecer e desenvolver profissionalmente o coaching – uma ferramenta muito utilizada hoje pelas grandes empresas do mundo, e que contribui para o crescimentos nas diversas áreas da vida de um indivíduo, seja na esfera social, afetiva, emocional, financeira e profissional –, agora quero estimular a aproveitarmos os benefícios desta importante ferramenta de aceleração de resultados, e contribuir também com o ministério de cada discípulo de Jesus, que entende ter um chamado e uma vocação para servir o Reino de Deus.

Surge então o livro Coaching Ministerial, que propõe a utilização dos princípios e ferramentas do Coaching Ministerial, auxiliando o cristão na descoberta de seus dons distribuídos por Deus, explorando seus talentos e desenvolvendo de maneira eficaz o seu chamado, seja ele pastoral, apostólico, de ensino, administrativo, de socorro, ou até mesmo estimulando e ajudando aqueles que hoje são apenas servos na casa de Deus, sem necessariamente ocupar algum tipo de cargo na igreja local.

E de que maneira o Coaching Ministerial poderá ser útil para a Igreja de Cristo? É isso que se propõe este livro, ao conduzir o leitor numa grande jornada, através das suas páginas, e levá-lo a desvendar os princípios fundamentais do coaching. A proposta é ajudá-lo a tomar posse de uma vida de êxito, elevando a sua autoestima, fazendo-o compreender os caminhos que o levarão para o cumprimento de seus objetivos, até de atingir a meta de chegar à perfeição. Quero contribuir assim para aumentar efetivamente sua participação na construção de um mundo mais feliz, através da edificação dos santos, e o exercício da pregação das Boas Novas.

E isso somente será possível através do cumprimento do ministério que Deus deu a cada um de nós, para cumprirmos com destreza e perseguirmos a carreira que nos está proposta, e enfim alcançarmos o prêmio da soberana vocação.

Nós chegaremos um dia nesta perfeição se decidirmos hoje pelo desejo de aprender a aprender. Todos somos aprendizes por natureza, e faremos isso através de algumas disciplinas orientadoras que fazem parte do sistema do Coaching Ministerial. Compreenderemos através dessa metodologia que a Igreja do Senhor Jesus deve ser uma igreja que aprende.

O nosso alvo é chegar à estatura de varões perfeitos, mas sabemos que isso é uma tarefa contínua, que

Coaching Ministerial

requer aprendizado constante. É isso que o apóstolo Paulo quis dizer, quando ele admite que não havia chegado ainda à perfeição, mas que prosseguia para o alvo, deixando para trás o que havia ficado, e caminhando para a frente, no rumo do prêmio da soberana vocação. Ele aprendia todos os dias.

O ato de praticar uma disciplina é ser um eterno aprendiz. E durante o processo do Coaching Ministerial, vamos conhecer pelo menos cinco disciplinas que nos ajudarão a buscar essa perfeição. São elas: Domínio Profético Pessoal, Modelo de Renovação Mental, Visão Pastoral Compartilhada, A Igreja que Aprende e Pensamento de Integração Apostólica.

E como parte do Processo do Coaching Ministerial, resolvi também acrescentar um capítulo no livro, para apresentar uma metodologia de Desenvolvimento das Relações Humanas. Ela se chama "Método Pescador", que tem o capítulo de mesmo nome. O Método Pescador foi desenvolvido com base na primeira chamada de Cristo para seus discípulos, narrada em Marcos 1:16-17, que apresenta o momento em que Jesus passava pela Galileia e convida Pedro e seu irmão André a seguirem-no com uma proposta inusitada: "Transformá-los em Pescadores de Homens".

A ênfase do Método Pescador é desenvolver a habilidade na liderança, seja ela em casa, na família; no ambiente de trabalho, entre gestores e colaboradores, e também no ministério vocacional, resgatando o valor das relações humanas e nos ensinando a aprender a arte de "pescar" a alma do próximo.

E como seria esta pescaria? Sei que podemos encontrar diversas habilidades no Método Pescador e apresento oito dessas habilidades, as quais considero muito importantes para que consigamos conquistar o coração e a amizade das pessoas ao nosso redor. São elas: 1 – Percepção do Valor Humano, 2 – Empatia / Colocando-se no lugar do outro, 3 – Servir com Humildade, 4 – Compaixão, bondade e misericórdia; 5 – Amor / Doação da Vida; 6 – Diálogo / Pensando em Conjunto; 7 – Ouvir na Essência; 8 – Respeito pelo próximo.

Eu te convido a vir comigo nesta jornada e que, ao final destas páginas, você se permita ir além do que já conseguiu ir; a ter bem mais do que já possui, a fazer mais coisas das que já fez, e, finalmente, a ser bem mais do que já é.

Afinal, essa é a vontade de Deus, que, desde o início da criação de todas as coisas, preparou terreno para o homem produzir, dar frutos, crescer, multiplicar e dominar sobre a face da Terra. Então, venha comigo. Boa leitura e ouse ir além...

O AUTOR.

Capítulo 1

PROSSEGUINDO PARA O ALVO

1

Estou convicto de que o coaching tem muito a ver com o Cristianismo, pois podemos perceber que no cerne de seus principais ensinamentos encontramos vários elementos na caminhada da igreja, desde o seu início, quando Cristo a construiu sobre a rocha dos valores cristãos, da prática do aprendizado empírico, do exemplo de suas ações práticas e do respeito ao ser humano.

Entre esses elementos está a percepção de que devemos manter sempre o foco num alvo, até que alcancemos este objetivo. Este é o pensamento de Deus, quando ele sempre nos pediu para nunca olharmos para trás, mas que fôssemos convictos em avançar no rumo das conquistas.

O próprio Jesus alertou os seus discípulos dizendo que aquele que põe a mão no arado, não pode olhar

Coaching Ministerial

para trás. Se assim o fizer, já não é digno de ser chamado filho de Deus. E acredito que o texto de Filipenses 3:14 vem nos ensinar sobre alguns desses princípios transmitidos dentro do coaching.

"É por isto que me esquecendo das coisas que ficaram para trás e avançando para as que estão adiante, prossigo para o alvo, a fim de ganhar o prêmio do chamado celestial de Deus em Cristo Jesus".

O texto mostra o apóstolo Paulo afirmando que, assim como fazia um atleta numa corrida, ele olhava firmemente para frente, deixando as coisas para trás e avançava prosseguindo para o alvo, o qual está reservado para todo cristão, que é o prêmio da vocação celestial que está em Cristo Jesus. E acredito que o próprio Cristo entregará para cada vencedor o prêmio destinado a ele.

Aqui temos um dos principais fundamentos que o coaching nos ensina, que é o de manter sempre o foco no destino final, no cumprimento dos objetivos, no alcance de nossas metas. E qual seria a principal meta de um cristão? Alcançar a estatura perfeita, da plenitude de Cristo, cumprindo totalmente seu ministério a que foi destinado exercer: "... cumpre cabalmente o ministério que há em ti". (2 Tim. 4:5)

Entretanto são necessárias a perseverança, a disciplina e a aplicação das tarefas inseridas nos planos traçados, a fim de que cada discípulo tenha forças para continuar avançando para o alvo sem olhar para trás, até alcançar o pleno êxito. Todos fomos vocacionados por Deus e necessitamos cumprir o ministério que foi destinado a cada um de nós. E há um prêmio dessa chamada ministerial separado para os vencedores – a coroa da vitória e do sucesso!

E como requisito para cumprirmos o chamado, cada discípulo precisa urgentemente descobrir qual o ministério proposto pelo Mestre a cada um de seus discípulos.

E você saberia afirmar sem sombra de dúvidas qual o seu ministério? Para responder a essa pergunta, o Coaching Ministerial irá lhe dar ferramentas para que você descubra a resposta correta, explorando o conhecimento que você precisa ter de si mesmo. Tudo isso está diretamente ligado ao propósito de Deus para cada um de seus filhos, conectando a sua missão, seus valores e vontades ao ideal de Cristo.

E para que tenhamos total êxito no cumprimento do chamado, teremos que aprender a conviver com o tempo ofertado para cada um de nós, o tempo que se chama hoje. E isso somente acontecerá se tivermos a consciência de, pelo menos, três chaves para a vida abundante, que estão descritas no texto acima, na carta de Paulo aos Filipenses 3:14.

a) Primeira chave: libertar-se do passado

Esquecer-se das coisas que ficam para trás é, antes de tudo, livrar-se do passado. Há muitos que não conseguem se sentir livres das sombras do passado. Não conseguem se perdoar por algum erro cometido lá atrás, não conseguem perdoar alguém que os magoou, e não conseguem ressignificar os fatos ocorridos, deixando com isso de dar um novo sentido para a situação ocorrida. A Bíblia nos diz, em Romanos 8:38, que todas as coisas cooperam para o bem daqueles que amam a Deus.

Ressignificar o passado é entender que até mesmo uma situação ruim e adversa tem uma intenção positiva

Coaching Ministerial

para abençoar um filho de Deus. E se somos obedientes ao seu chamado, todas as maldições são transformadas em bênçãos, e as tragédias, por mais difíceis que possam ser, elas servirão de apoio para nossa vitória adiante.

Esquecer aqui tem o sentido de deixar para trás o que já passou. É aprender a não se prender ao passado. É ter habilidades para tirar os olhos das situações difíceis que aconteceram, e caminhar com os olhos fixos no alvo. É construir o futuro, dando um novo significado ao passado, respeitando a história, mas apontando para as possibilidades de um mundo melhor.

b) Segunda chave: avançar para o futuro

Se devemos deixar o passado, também precisamos colocar os olhos no futuro, atravessando as pontes chamadas "possibilidades", que nos permitem construir o progresso para o futuro de êxito. Não esqueçamos novamente das palavras de Paulo: "Tudo posso naquele que me fortalece". Ter fé é crer que o impossível pode tornar-se possível. É crer que tudo é possível àquele que acredita no êxito.

Novamente a fé aqui se faz necessária, pois só vamos chegar a ter sucesso na vida quando aprendermos a olhar fixamente para as coisas que estão adiante. E isso quer dizer que devemos olhar para o autor e consumador da nossa fé, Jesus Cristo. Se ele começa a nos dar a vitória pela fé, ele nos dá poder para concluir a estrada da fé que mira o êxito. O futuro é alicerçado pelos sonhos que nutrimos, pelo propósito de nossa existência, pela missão da nossa consciência e pela visão de nossa fé.

c) Terceira chave: viver o presente

O futuro é construído além de um passado transformado e de um futuro de fé. Se temos que esquecer o passado e avançarmos para o futuro, de igual modo precisamos ter consciência dos passos do presente. Devemos viver o aqui e o agora, através dos conhecimentos estratégicos, do passo a passo do plano de ação, até chegarmos ao futuro, o nosso estado desejado, que é o nosso objetivo final.

Isso é importante mencionar, pois ao olharmos para o futuro e nos esquecermos do agora, seremos como o louco que vive no mundo da lua. Quem fica sonhando apenas com o futuro perde o momento da vitória, pois não está concentrado nas oportunidades que a vida oferece, no presente momento.

A carta de Hebreus nos fala que não devemos endurecer o coração para o tempo que se chama HOJE. Ou seja, não podemos perder o foco e a concentração do que Deus nos dá a cada dia, como possibilidades de mudar o rumo de nossa história. Jesus falou aos seus discípulos na oração do Pai Nosso, que devemos agradecer a Deus pelo pão de cada dia.

Isso é significativo, à medida que compreendemos que devemos nos concentrar nas oportunidades direcionadas a cada um de nós, e que se não as observarmos, poderemos perdê-las, e muitas dessas oportunidades jamais voltarão.

Jesus ainda alertou que não adianta nos preocuparmos demasiadamente com o dia de amanhã, pois não podemos acrescentar nada com esta preocupação. A ansiedade nos tira a possibilidade de nos con-

Coaching Ministerial

centrarmos no que é mais importante. Ele completa dizendo que cada dia traz a sua porção de problemas, e que pensar no dia de amanhã só nos acarretará mais problemas ainda, e não resolveremos aqueles que estão na fila para serem resolvidos.

"Portanto, não se preocupem com o amanhã, pois o amanhã trará as suas próprias preocupações. Basta a cada dia o seu próprio mal". (Mt. 6:34)

Portanto, viver o presente, o dia de hoje, é aprender a se concentrar no aqui e agora, e isso nos dará possibilidades de projetar as melhores obras, a buscarmos elaborar as melhores estratégias e a executar com excelência cada tarefa de nossa responsabilidade.

Mantendo o foco no alvo

Somente aqueles que têm uma meta é que chegam definitivamente à satisfação plena da vida. O sucesso não diz respeito simplesmente à quantidade de realizações de um indivíduo, ou a números alcançados por uma companhia, ou a quanto dinheiro alguém conseguiu amontoar, ou aos bens acumulados em nossa vida terrena, apesar de tudo isso também fazer parte da escalada de êxito.

Mas o verdadeiro sucesso é estabelecido na medida da satisfação de cada pessoa, ao alcançar gradativamente cada uma de suas metas, que dependerão de um conjunto de fatores, que engloba valores, sonhos, conhecimentos, projetos, percepção de si, fé, regras e princípios. Quando determinamos um alvo, estamos revelando o que é importante para nós, e quando nos esforçamos ao máximo, então podemos dizer o quanto estamos comprometidos em alcançar aquela meta.

Prosseguir é nunca parar, é não desistir, é estar convicto no seu chamado, na sua vocação. É estar decidido a permanecer firme, inabalável, aconteça o que acontecer. É perseverar até o fim, e nunca recuar.

Deus diz, em Hebreus 10:38, que a sua alma não tem prazer naqueles que recuam, naqueles que desistem. E também diz, em Apocalipse 2:10 e 26, que aquele que perseverar receberá o galardão da vida eterna e autoridade sobre as nações.

O prêmio da soberana vocação

Paulo tinha o prêmio da soberana vocação como seu alvo principal. Ele sabia que receberia o galardão após o seu empenho. Ele apostou todas as fichas na sua vida dedicada ao ministério.

Em sua segunda carta a Timóteo, já no final de sua vida, ele chega a dizer que, após ter completado a sua carreira, receberia do justo juiz a Coroa da Justiça.

"Combati o bom combate, acabei a carreira, guardei a fé. Desde agora, a coroa da justiça me está guardada, a qual o Senhor, justo juiz, me dará naquele dia; e não somente a mim, mas também a todos os que amarem a sua vinda." (2 Tim. 4:7-8)

Essa é a atitude daquele que é comprometido com sua meta: lutar pelo que importa, concluir a carreira e preservar o maior valor que temos em nossas vidas, que é a nossa fé. Por isso, devemos mergulhar no propósito de nossa existência e cumprir principalmente o chamado ministerial. Paulo levava isso muito a sério, e você?

Capítulo 2

A ESTATURA DA PERFEIÇÃO

Creio que o propósito de Deus para cada um de seus filhos está resumido neste trecho da carta de Paulo aos Efésios 4:12: "até que todos alcancemos a unidade da fé e do conhecimento do Filho de Deus, e cheguemos à maturidade, atingindo a medida da plenitude de Cristo".

A nossa história, com todos os seus significados, alegrias, tristezas, dores, fracassos e superação, vem contribuir para o objetivo do ser humano, que é o de buscar a perfeição. É quando atingimos a MEDIDA DA PLENITUDE DE CRISTO, A PERFEIÇÃO.

O Cristão não deve contentar-se com menos do que isso. O apóstolo Paulo tinha em mente que o ministério e todas as suas ramificações servem para edificar o Corpo de Cristo, trazer unidade, produzir conhecimento e construir um legado de perfeição, que é a estatura da medida da plenitude de Cristo.

Coaching Ministerial

Buscar a perfeição não é aqui deixar que a soberba entre no coração, mas entender que o projeto original de Deus para o homem é que ele se torne cada dia melhor em seus projetos, desenvolvendo as suas habilidades, criando caminhos facilitadores para todos os que estão ao seu redor, e que cada um contribua com o que há de melhor em sua essência, em seu caráter, utilizando com habilidades cada exercício dos dons distribuídos com sabedoria pelo Espírito de Deus.

O chamado de todo cristão
"... Até que todos alcancemos". O interessante é que Paulo abrange todos, não deixando ninguém de fora. Isto é, inclui até aqueles que se acham incapazes, sem noção, sem rumo, sem perspectiva, bastando para isso encontrar-se no propósito.

Aqui está um dos objetivos do Coaching Ministerial, ajudar aquele que está perdido em sua chamada ministerial a se encontrar, e compreender que o chamado de todo cristão é alcançar essa perfeição.

A caminhada até a perfeição requer perseverança e o apoio de todos que estão ao lado. E para que esse apoio seja eficiente é importante o sentimento de um esperar pelo outro, até que todos alcancemos. Não é um chamado egoísta, muito pelo contrário, o convite nos direciona para a esperança de que todos um dia poderemos chegar num lugar de destaque.

A unidade que nos aperfeiçoa
Paulo também revela nesse mesmo texto uma das principais estratégias para chegarmos à meta da perfei-

ção: a unidade. Não devemos esquecer que a unidade é um dos princípios primordiais do cristianismo que irá conduzir-nos até a perfeição ministerial. E essa unidade tem dois importantes canais que fluem para a vida no discipulado, que são: Fé e Conhecimento do Filho de Deus. "Até que cheguemos à unidade da fé e do pleno conhecimento do Filho de Deus".

FÉ – A Fé é necessária para todo aquele que deseja alcançar melhores níveis em todas as áreas de sua vida. A Fé é essencial para que alguém conquiste novos territórios, e vença seus medos e suas crenças limitantes. A fé move montanhas. A fé nos faz andar no invisível, mesmo quando nossas forças parecem enfraquecidas.

Temos que considerar que quando se fala de fé, não podemos perder de vista que a fé é a origem de tudo e vem do próprio Deus. Por isso devemos confiar n'Ele, que é o criador de todas as coisas, que também é o autor e consumador de nossa fé, e Ele dará o prêmio a todos que acreditam nele. (Hb. 11:6).

E, além da fé em Deus, precisamos ter fé em nosso potencial, e acreditar em nossas habilidades e nos talentos naturais de cada ser humano. Este potencial é dado por Deus para cada um de seus filhos. O potencial nos traz possibilidades de ir além dos limites, e nos faz romper as barreiras da produtividade, além de entregar em nossas mãos as sementes de multiplicação, que produzirão tudo aquilo que é eficaz para o crescimento e para o avanço do nosso alvo.

É necessário, portanto, que entendamos que toda meta e qualquer projeto traz dentro de si as dificuldades, os desafios, e com eles sempre aparecem os gigan-

Coaching Ministerial

tes do medo, que precisam ser vencidos. E sem fé nunca venceremos esses desafios.

Você se sente preparado para a jornada da fé? O Coaching Ministerial tem o objetivo de ajudá-lo a despertar a fé que foi derramada por Deus em seu coração.

CONHECIMENTO – O segundo canal da unidade é o conhecimento. Mas não é um conhecimento qualquer, não é uma ciência qualquer, não é uma teoria qualquer, mas o conhecimento do próprio Filho de Deus. Tudo começa no quanto conhecimento temos do Filho de Deus, que trouxe a revelação plena de Seu pai celestial e entregou a seus discípulos e à Igreja (João 17).

E por que temos que ter esse conhecimento? Porque a história da humanidade está atrelada a história de Cristo. Saber sobre o Filho de Deus é saber que tudo aquilo que estava perdido foi restaurado por Ele. Toda a nossa história de fracasso foi transformada em uma jornada de pleno êxito.

É por isso que nossa história deve estar unida ao conhecimento de Jesus. Nele, tudo aquilo que me destinava à derrota sofreu uma reviravolta, e por isso podemos dizer como Paulo afirmou, em Filipenses 4:13: "Posso todas as coisas, naquele que nos fortalece".

A perfeição na maturidade

A maturidade e a perfeição estão diretamente ligadas. Jamais vamos ter sucesso na vida enquanto não formos maduros em nossas atitudes e em nossos pensamentos. Chegar à maturidade nos fala em avançar rumo à perfeição. Ser perfeito não é se achar insubstituível nem ser cheio de arrogância, mas ter atitudes diferentes que nos tiram da mediocridade e que nos tornam diferentes no mundo, potencializando nossas obras.

Ser maduro é aprender a deixar as coisas de menino, e começar a pensar como adultos. O apóstolo Paulo chega a exortar a igreja em Corinto pela inconstância e imaturidade que os cristãos daquela cidade estavam demonstrando.

"E eu, irmãos, não vos pude falar como a espirituais, mas como a carnais, como a meninos em Cristo. Com leite vos criei, e não com carne, porque ainda não podíeis, nem tampouco ainda agora podeis, porque ainda sois carnais". (1 Cor. 3:1-3a).

A perfeição começa na mente

Assim como o sucesso, a perfeição começa bem antes de se tornar visível e palpável. O sucesso tem início no interior da mente, quando se internaliza a imagem do futuro de conquistas. Somente depois é que alguém externa o êxito como resposta de suas atitudes. Antes de alcançarmos o sucesso externo, que todos veem, é necessário que construamos o sucesso interno, que ninguém vê. Isso é maturidade de pensamento. É a consciência de que tudo dependerá dos alicerces para atingirmos a perfeição.

A perfeição é como a construção de um grande edifício. Quando se está lançando os fundamentos desta construção, quem passa por perto não observa o que está sendo feito, pois os fundamentos estão sendo colocados no profundo daquele terreno. Somente depois que os fundamentos estão colocados é que os engenheiros e construtores erguem o prédio que será visto por todos.

Coaching Ministerial

Construir a igreja é, acima de tudo, lançar o fundamento que é Cristo, a plenitude do amor de Deus a todos os homens. E a equipagem ministerial vem para dar o acabamento desse edifício, ornado e preparado para o crescimento de todo o corpo de Cristo.

Perfeitos em Jesus

Em Jesus, há salvação espiritual e salvação da alma, pois ele nos tirou do inferno e dos grilhões da morte eterna. Ele também trouxe a salvação do corpo, quando por suas chagas fomos sarados, e também através do conhecimento saudável do sistema de alimentação e atividades físicas, que nos fazem cuidar bem do nosso corpo. A salvação atinge também as emoções, através da renovação do intelecto, e do conhecimento que nos traz as possibilidades de vencer na vida, saindo das situações difíceis com sabedoria e esperança. "Assim como o homem se imagina, assim ele é." (Pv. 23:18)

Há uma medida que Deus está nos convidando a atingir, que é uma medida completa. É uma medida plena que nos assemelha a Jesus, que é o propósito de Deus. Não é uma capacidade pela metade, não é uma realização inacabada, é conseguir ir até o final. O Coaching Ministerial vai te auxiliar a entender que podemos ter uma mente acabativa, ou seja, consumarmos o que propomos a fazer. Chegar até o final da meta estabelecida.

Jesus tinha uma mente acabativa. Tudo o que ele se propunha a fazer, ele concluía. O termo "Está consumado", utilizado por Cristo antes de morrer, foi uma das últimas palavras que Cristo proferiu na Cruz do Calvário.

Muitos começam um projeto e não terminam. Muitos começam a ler um livro e não chegam ao final. Muitos iniciam a faculdade, e a maioria desiste pelo meio do caminho. Muitos têm iniciativa em seu trabalho, mas são inconclusivos em suas tarefas diárias.

Uma das grandes dificuldades do ser humano é justamente terminar a obra que começou. Devido a muitas dificuldades e muitas dores, e devido ao preço que tem que ser pago para chegar ao fim. Somente aqueles que têm uma mente destemida e construída para o sucesso é que conseguem ter êxito, e você está sendo convidado a permitir que sua mente seja renovada, a fim de que te proporcione criatividade para mudar radicalmente a sua história.

Atingir a medida da plenitude de Cristo é alcançar a alta performance ministerial, tendo êxito nas vidas devocional, pessoal, familiar, social, profissional, financeira e ministerial.

Jesus é o exemplo, por isso devemos seguir os seus passos. A chamada desta última hora é que os filhos de Deus manifestem a glória de Cristo. Em Romanos 8:19, diz que a ardente expectativa da criação aguarda a manifestação dos filhos de Deus. Isso demonstra claramente a nossa responsabilidade diante do mundo, que deseja ardentemente que cada filho de Deus manifeste o melhor que existe dentro de si.

É hora de manifestarmos a vida de Jesus, em todos os sentidos. Creio que não fomos chamados apenas para uma vida religiosa, apesar de ser extremamente importante nossa vida de piedade e devoção. Daí, nosso ministério pessoal precisar de auxílio para que nós completemos o chamado de Deus.

Coaching Ministerial

Mas, ao mesmo tempo, nossa vida ministerial deve ser entendida como uma vocação divina que atingirá todas as áreas da nossa vida. Então, devemos manifestar a Glória de Deus na vida com Deus, na família, no trabalho, nos relacionamentos, nas finanças e na vida social. Isso é viver a plenitude, que significa a medida completa.

O desafio de sermos perfeitos

O Coaching Ministerial vem nos desafiar a irmos além. Devemos agradecer pelo que já fizemos, mas não podemos aquietar, pois a ordem de comando é avançar para o alvo. É estar mais próximo da perfeição. Precisamos de coragem para fazer mais do que já foi feito. Ser mais do que já se é. Ter mais do que já se tem.

A busca pela perfeição deve ser equilibrada, encontrando sobriedade, lucidez e maturidade para não se confundir perfeição com o mau perfeccionismo, ou até mesmo com a arrogância e soberba de muitos que não enxergam a prepotência de acharem que são melhores que todo mundo.

O próprio Deus desafiou seu povo a tornar-se perfeito. "Sede perfeitos como eu sou perfeito!". O apóstolo Paulo admitia que ainda não tinha chegado à perfeição, mas prosseguia para o alvo do prêmio da soberana vocação, a estatura de varão perfeito!

O Ministério deve ser entendido com a soberana vocação. Não há chamado mais nobre, mais digno e mais importante do que o desafio de sermos embaixadores do Reino. Por isso, devemos nos esforçar para alcançar a melhoria contínua, a busca do aprimoramento pessoal, profissional. Na família, nos negócios e em todo trabalho dedicado ao Reino de Deus.

Ariel Nobre

Jesus foi o homem perfeito! Ele não cometeu nenhum deslize de caráter, jamais caiu em tentação, venceu todos os desafios e sempre demonstrou exemplo em tudo: obediência, servidão, humildade, amor, perdão, inteligência, autoridade, ousadia, temor, respeito, santidade, etc.

Capítulo 3

DANDO OS PRIMEIROS PASSOS NO COACHING

Antes de entrarmos na questão do Coaching Ministerial, gostaria de tecer um entendimento inicial sobre o coaching. É necessário que você compreenda primeiramente como surgiu o coaching e quais os objetivos desta ferramenta importante nos dias de hoje. Eu tentarei explicar o que é esse processo da forma mais simples possível, para que fique bem claro na sua mente.

Introduzindo o conceito de coaching, sem ainda entrar no mérito técnico, eu gosto do pensamento do coaching como um acelerador de resultados. Ou seja, é um processo que ajuda você a obter alguns resultados surpreendentemente mais rápidos do que conseguiria em meses, anos e até décadas.

E por que o coaching acelera os resultados? Porque nos ajuda a manter o foco nas metas, a construir planos de ações e estratégias para cumprirmos o objetivo e nos direciona constantemente para o alcance de melhores resultados, pela atitude e fé na possibilidade de ir além.

O coaching é um sistema provocador de mudanças, através dos desafios, do estímulo à criatividade, da prática da contribuição, e pela ativação da consciência, impulsos estes necessários para o desenvolvimento do ser humano.

Outra ilustração bem simples para abrir entendimento sobre o coaching é o caminho percorrido por alguém, do ponto A até o ponto B. Sendo que o ponto A significa o estado atual, onde se encontra a pessoa, e o ponto B, o estado desejado.

Em outras palavras, o processo de coaching permite que uma pessoa identifique o ponto de partida para a mudança, e traça o caminho que o conduzirá para alcançar os sonhos desejados. Todo processo será acompanhado por um profissional qualificado e preparado para fornecer ferramentas necessárias que conduzam o cliente no cumprimento de seus objetivos.

O que não é coaching

Por não conhecerem razoavelmente o que é o coaching, é comum as pessoas associarem o processo de coaching com algumas das ciências bem conhecidas hoje no mundo, que sem dúvida alguma tem seu papel importante na construção de uma sociedade melhor, mas que na essência difere da prática do coaching por uma questão simples e estratégica de sua prática processual.

Mentoria – Alguns entendem o coaching como sendo a Mentoria, que se caracteriza por troca de experiências entre alguém capacitado em determinada área, chamado de mentor, que presta serviços passando toda a sua expertise para solucionar problemas e favorecer o crescimento de seu cliente. Apesar da possibilidade de um coach vir a se tornar um mentor, o trabalho de um profissional coach é diferenciado, pois permite ao cliente a visualização de seus potenciais, e isso o ajuda a encontrar a solução de seus problemas, dentro de suas próprias percepções e experiências.

Aconselhamento – Outra função bem confundida é a de um *"counselor"*, ou seja, um conselheiro que tem como função ouvir seus clientes, analisar a situação e, através de suas experiências, passar suas opiniões sobre um determinado assunto, orientando e facilitando o caminho do cliente que será aconselhado.

O coach pode se utilizar do aconselhamento, que é um instrumento eficaz, dependendo do grau de intimidade e respeito com seu cliente, isso de vez em quando, desde que fique bem clara a intenção do aconselhamento, e isso se diferencie da sua atuação como coach profissional, evitando assim a descaracterização do processo de coaching, que tem como estratégia principal levar o cliente a descobrir suas próprias respostas, através de técnicas eficazes de reflexão.

Terapia – Há outros que relacionam o coaching com um processo de terapia, que é conduzida por um psicólogo profissional, capacitado para tratar dos traumas emocionais, e algumas doenças psicossomáticas originadas por um problema que ainda

Coaching Ministerial

não foi superado, tentando trazer a cura emocional e o alívio mental. O terapeuta foca no passado e trabalha para corrigir comportamentos errados.

O coaching se diferencia exatamente nesse ponto, pois enquanto o terapeuta arruma o passado do cliente, o coach tem por missão conduzir o seu cliente ao futuro, apesar de que, em alguns momentos, as ferramentas de coaching utilizada nas sessões tenham um tremendo poder terapêutico.

Não devemos entender que o coach está proibido de utilizar-se de técnicas terapêuticas para ajudar seu cliente. Isso ocorre de fato, mas não pode ser o principal foco do coach.

O coach não é um terapeuta (a não ser que ele também possua esta formação), portanto não pode trabalhar em algumas áreas chamadas de Condições Psicológicas Diagnosticáveis, como: depressão, paranoia, esquizofrenia, desordens de personalidade, síndrome do pânico etc.

Treinamento – Há ainda outros que classificam o coaching como treinamento. Considerando que grande parte das empresas de médio e grande porte investe nos treinamentos de seus colaboradores, capacitando-os para as suas devidas funções, o ritmo frenético da produtividade dessas empresas pode saturar a mente de seus funcionários de tanta overdose de treinamentos durante o calendário anual.

Não estou querendo dizer com isso que o treinamento em si é prejudicial, pelo contrário, temos a consciência de que há no outro extremo muitas equipes carentes de lideranças que sabem a importância desses treinamentos para uma corporação.

No entanto, não podemos rotular o processo de coaching como um simples treinamento, apesar de também incluí-los em seu programa. Na realidade, o coaching é muito mais que um treinamento, pois é um estimulador de autoconhecimento e extrator de ideias produtivas e uma máquina de provocar iniciativas nos clientes que se submetem ao processo, e assim desenvolvem-se nas suas habilidades e conhecimento que produz melhores resultados.

Consultoria – E por último quero falar da consultoria, que é um trabalho especializado realizado por um consultor ou uma equipe de consultoria, que se caracteriza por detectar possíveis falhas no processo administrativo de uma empresa, e assim apontar caminhos de soluções que viabilizem o rumo do sucesso. O consultor é alguém de conhecimento especializado e solucionador dos problemas de negócios.

O trabalho de coaching não se prende a apontar falhas dos seus clientes. É um processo que conduz o coachee a enxergar, por ele próprio, suas virtudes e pontos de melhoria, valorizando suas ações e permitindo o sentimento de autorrealização, através da capacidade de sair com criatividade dos seus problemas.

A origem do coaching

De onde surgiu o coaching? Apesar de hoje, o coaching ser bem associado ao ramo empresarial, ou até mesmo ao segmento esportivo, inicialmente o termo era ligado a uma profissão originada muito antigamente, mais precisamente na Hungria, numa cidade chamada Kocs, que se localizava às margens do rio Danúbio, que liga Viena a Budapeste.

Coaching Ministerial

De acordo com alguns historiadores, ainda no século XV, a cidade húngara começou a produzir carruagens, que viriam se tornar as mais cobiçadas de toda a Europa, e foram inicialmente batizadas de *kocsi szeker*, pelos nativos da cidade. Com a evolução da língua nativa, os condutores das carruagens passaram a se chamar de *kocsis*, palavra que veio originar o termo coach.

Continuando a evolução do conceito do coach nos dias de hoje, existem duas correntes históricas que tentam explicar a migração da palavra coach para o significado de técnico ou treinador de profissionais.

A primeira história, que inclusive é a mais aceita, apresenta uma metáfora originada no século XVIII, que diz que o coach era uma espécie de tutor que guiava as crianças por diversos campos do conhecimento.

A outra corrente conta sobre as longas viagens das famílias mais ricas da Inglaterra, nas quais os servos destas famílias eram levados na viagem para lerem as matérias de estudo para as crianças em voz alta, no interior das carruagens (coaches).

A esta forma de aprendizagem, deu-se o nome de coached, significando "instruídos dentro da carruagem". Poderíamos dizer que nesse sentido filosófico do coaching, a Grécia teria sido o berço original dessa prática, através de Platão, que tinha a habilidade de dissecar fatos e situações criativas, e também através de Aristóteles, orientador de Alexandre o Grande, que buscava novas formas de enxergar a vida, provocando mudanças significativas nos comportamentos.

Da filosofia, houve uma transferência do termo para o mundo esportivo, quando no século passado (séc. XX), os americanos começaram a denominar os instrutores de seus atletas de coaches, principalmente o treinador de esportes coletivos.

E hoje em dia, é comum observarmos que os artistas do cinema e teatros estão cada vez mais conhecedores do coaching, e assim não pensam duas vezes em contratar os profissionais de coaching para acompanhá-los e ajudá-los a alcançar padrões de alta performance.

O que é coaching?

Como podemos então definir o coaching? Tecnicamente, podemos definir o coaching de maneira sintética e objetiva: "Coaching é caracterizado como o processo conduzido por um profissional coach, visando identificar o estado atual de seu coachee (cliente) e caminhar junto com ele até um estado desejado".

Assim, o coaching pode ser entendido como uma parceria entre o coach (profissional habilitado para conduzir o processo) e o cliente, em que acontece um processo estimulante e criativo que inspira e maximiza o potencial pessoal e profissional do cliente.

E segundo a Global Coaching Community (GCC), "Coaching é um processo sistematizado onde um coach acompanha e estimula seu cliente, no desenvolvimento de sua performance e alcance de suas metas".

Essa parceria é conduzida de forma sinérgica e dinâmica, com metodologias, ferramentas e técnicas apropriadas, que geram maiores resultados, aumentando a performance e estabelecendo novos caminhos criativos para que este chegue a um lugar desejado.

Coaching Ministerial

Coaching é uma arte, é ciência e um mix de conhecimentos, ferramentas e técnicas utilizadas por um profissional denominado coach, devidamente habilitado, que facilita o alcance de resultados extraordinários pelo cliente (coachee).

É uma metodologia que proporciona expansão significativa de performance profissional e produtividade pessoal. Em resumo, coaching é sair de um ponto A – estado atual –, e chegar a outro ponto B – estado desejado.

A --------------- B

O coaching é realizado por meio de reflexões e posterior análise das opções e da identificação e uso das próprias competências, como o aprimoramento e também a obtenção de novas competências, além de perceber, reconhecer e superar as crenças limitantes, que são os pontos de maior fragilidade.

O profissional coach atua encorajando, apoiando, mantendo a motivação e acompanhando o Plano de Ação e as tarefas de seu COACHEE, incentivando o seu crescimento, o aumento de capacidades, habilidades, ação, conscientização de valores e maior controle emocional (Inteligência Emocional).

Isso se dá por meio de técnicas que melhoram a performance profissional e pessoal, com foco em melhor qualidade de vida, visando a satisfação de objetivos desejados pelo coachee, considerando o simples fato de compartilhar pensamentos e ideias que estão soltos, com o poder de organizá-los, transformando em um objetivo desafiante e guiado e mensurado por um Plano de Ações. Isso possibilita a concretização dos sonhos e desejos do cliente.

Por que o coaching funciona?

O coaching funciona porque reúne pelo menos três elementos importantes para a satisfação pessoal de qualquer indivíduo que se envolve com o processo: 1) o coaching se utiliza de dois fundamentos básicos, que são: o não julgamento e cada um sabe o seu caminho; 2) o coaching tem resultados eficazes, e 3) o coaching aumenta o nível de realização.

Dois fundamentos básicos – A primeira coisa importante para entendermos o funcionamento do coaching, é que é um processo que possui dois fundamentos básicos: o do não julgamento e o do princípio de que cada um sabe achar o seu caminho. Em muitas ocasiões, quando alguém dá o seu "conselho", dizendo o que o outro tem que fazer, esses palpites vêm carregado de julgamentos, e de achismos do que é melhor para a pessoa. O importante é que cada um descubra o caminho, através de percepções e respostas que estão à sua volta. O papel do coach será somente oferecer instrumentos que forneçam ao coachee o meio de encontrar essas respostas.

Resultados do coaching – Segundo uma pesquisa realizada pela ICF – International Coaching Federation, com as pessoas que passaram pelo processo de coaching, 70% afirmaram que tiveram um aumento de produtividade; das pessoas entrevistadas, pelo menos 80% disseram que aumentaram sua autoconfiança. Isso tem uma razão simples, quando as pessoas param de receber pitacos do que têm que fazer, e elas encontram respostas, a autoconfiança aumenta. E ainda segundo a pesquisa, 86% das empresas que investiram em coaching, atestaram que o investimento retornou para a empresa.

Níveis de realização – Alguns estudos realizados comprovam que ao dizermos para alguém o que ela tem que fazer, o seu nível de realização é baixíssimo, em torno de apenas 20%. Quando tentamos convencer alguém do que ela tem que fazer, o nível de realização sobe para 30%, mas, quando a pessoa acha o próprio caminho, o nível de realização alcança, no mínimo, 80% de satisfação. O envolvimento e o comprometimento dessa pessoa serão muito maiores, pois a experiência que cada ser humano passa é diferente da experiência do outro.

Como o coaching funciona

O processo de coaching é definido pelo objetivo do COACHEE, abrangendo áreas diversas desde a gestão do tempo, trabalho em equipe, relacionamentos interpessoal/intrapessoal, motivação de equipes, comunicação, liderança e outras. Os objetivos podem ser de origem pessoal ou profissional, carreira, esportes, equipe, que contribuem para o desenvolvimento e aprimoramento do cliente, de seus resultados e de sua qualidade de vida.

Quando se define o objetivo do coaching, então começa a fase do Plano de Ação, que levará o cliente para o estado desejado. Antes, no entanto, é feita uma análise de tudo aquilo que contribui ou que impede o cliente de alcançar o seu objetivo, e da construção de cada meta necessária para a sua concretização, sejam por suas atitudes, ou mesmo pelo cotidiano na qual ele está envolvido.

É onde os valores e crenças do cliente são detectados e, se necessário, confrontados com o objetivo e metas, quando não há congruência entre eles. O "coach" permite ao cliente que faça uma autoavaliação de suas forças e fraquezas, face aos objetivos visados e no meio em que este atua e defina um plano que permita alcançar os resultados desejados.

Com essas informações, a definição do Plano de Ação é facilitada, com evidências claras de atingimento, prazo determinado, recursos necessários e o comprometimento do próprio cliente frente ao desafio factível.

A duração do processo é em geral de 3 a 4 meses, dividido em pelo menos 10 sessões de coaching, dependendo do caso e da resposta de cada indivíduo, atingindo resultados significativos por meio de sessões de uma a duas horas, e podem ser presenciais ou não, dependendo da disponibilidade do cliente e a técnica utilizada pelo coach.

Há uma corresponsabilidade no processo de coaching, enquanto o resultado é de responsabilidade do cliente. Os resultados são percebidos pelo próprio cliente, como também por pessoas que fazem parte do círculo de sua convivência. O coach atua como um "olho externo" para seu cliente, apoiando-o em seu autoconhecimento por meio de um ângulo novo de visão.

As modalidades do coaching

Life Coaching – Também conhecido como Coaching de Vida, é o tipo de coaching que trata com os objetivos da vida pessoal do cliente. Ajuda o coachee a estabelecer metas pessoais, como emagrecer, abrir

Coaching Ministerial

seu próprio negócio, comprar um apartamento, alcançar metas no estudo, e auxilia nos relacionamentos, motivação, comunicação etc.

Poderíamos dizer também que o Coaching de Vida promove um alinhamento ou equilíbrio entre vida pessoal, vida profissional e o conjunto de valores que constituem a missão e o propósito de vida do cliente.

Coaching de Negócios – No Coaching de Negócios, a parceria estabelecerá o aumento dos negócios organizacionais, incluindo o coaching para mudança organizacional, implantação de cultura de coaching, para sucessão de cargos importantes, planejamento estratégico e muito mais.

O Coaching de Negócios tem como finalidade o desenvolvimento de potencialidades empreendedoras nos empresários, com o intuito de maximizar a capacidade estratégica e consequentemente negócios mais sólidos e menos vulneráveis às oscilações financeiras do mercado.

O Coaching de Negócios é indicado para todo e qualquer trabalhador que deseja iniciar, expandir ou consolidar o seu negócio, e o método vale tanto para trabalhadores autônomos como para grandes empresários. A evolução do empresário é visível em todos os âmbitos necessários para um sucesso empresarial: capacidade estratégica, desenvolvimento do perfil de liderança e capacidade de lidar de maneira competente nas adversidades.

Coaching Executivo – O Coaching Executivo compreende o desenvolvimento de lideranças, competências de gestão, melhora nas relações interpessoais, motivação, foco e desenvolvimento de equipes, preparação para promoção, além, é claro, da aceleração dos resultados e do alinhamento sistêmico dos colaboradores a cultura organizacional.

Esse tipo de coaching, voltado ao desenvolvimento de executivos com habilidades diferenciadas e de alta performance, tem sido bastante procurado pelas empresas que precisam de profissionais de alto nível para alcançar resultados extraordinários. E nesse sentido, com certeza o Coaching Executivo é o mais eficaz!

Coaching de Carreira – O Coaching de Carreira tem como principal objetivo auxiliar pessoas que estão no processo de mudança em suas carreiras. Um Coach de Carreira ajuda profissionais a identificarem com clareza o que almejam no mercado de trabalho e, através disso, criam e desenvolvem estratégias para alcançá-lo. O processo de coaching é indicado, neste caso, para profissionais que desejam um redirecionamento em suas carreiras, alinhando vida profissional e pessoal, equilibrando-as de acordo com suas prioridades.

Coaching Esportivo – Talvez esta modalidade seja a que mais identifique hoje para a sociedade a figura de um coach, que, traduzindo do inglês, literalmente significa "Treinador". Foi através da modalidade esportiva que o coaching tornou-se mais conhecido, nos anos 70, através principalmente dos métodos de Timothy Gallwey, que desenvolveu um programa de treinamentos para equipes de tenistas e golfistas, que vieram a se transformar nos maiores do mundo.

Coaching Ministerial

Coaching Ministerial – E agora estamos vendo o surgimento no Coaching Ministerial, que tem a finalidade de envolver os cristãos dentro de um processo que lhes fortaleça, conduza, aumente a produtividade ministerial, ajuste o foco na chamada e equilibre todas as áreas da vida do cristão, aumentando a satisfação na sua vida pessoal, na família, nas finanças e ministério.

Capítulo 4

TRÊS PALAVRAS E UM MESMO PROPÓSITO

Neste capítulo, quero abordar sobre uma tríplice relação que o coaching tem através de uma forma incrivelmente equilibrada, estabelecida com um único propósito em comum, que é o de servir. A tríplice relação envolve o Ministério, a Liderança e o Reino de Deus.

Recentemente, eu pedia a Deus uma estratégia para conciliar o meu ministério à profissão que abracei com dedicação, por entender a importância do coaching para as necessidades das pessoas, pois se trata de um processo que nos ajuda a encontrar um norte, sermos potencializados e aprendermos a trabalhar com metas, plano de ação, objetivos, além de alcançarmos resultados satisfatórios em todas as áreas da vida.

Ao meditar sobre isso no aspecto ministerial, percebi que há uma relação próxima de três concei-

Coaching Ministerial

tos que dão sentido a atuação de um coach dentro do serviço do Corpo de Cristo. São eles: Ministério, Liderança e Reino de Deus. Se pegarmos os significados de cada palavra citada, veremos que há um propósito comum em todas elas. E qual seria esse propósito? O propósito de SERVIR!

1 – MINISTÉRIO – A arte de servir uns aos outros

Se pesquisarmos a fundo o significado da palavra Ministério, que tem como a ação o verbo ministrar, descobriremos que o termo é algo muito mais profundo e de maior valor. Não podemos ficar apenas no pensamento limitado ao âmbito da igreja, ou nas simples práxis de dogmas religiosos, mas em qualquer trabalho que façamos, seja na obra eclesiástica ou em qualquer trabalho secular, não podemos esquecer que somos Ministros (SERVOS).

"E ele concedeu outros para pastores e mestres com vistas ao aperfeiçoamento dos santos para o desempenho do seu serviço, para a edificação do corpo de Cristo." (Ef. 4:11-12)

Percorrendo as páginas das Sagradas Escrituras, podemos encontrar alguns termos utilizados para dar significado a palavra ministério. Vamos observar aqui pelo menos quatro palavras que traduzem em algum sentido a doxologia MINISTÉRIO. São elas:

A) Huperetes – aquele que rema – Esta palavra, originada no grego, estabelecia primeiramente o serviço de qualquer serviçal. Mas o termo também designava o trabalho de um oficial de justiça

(Mt. 5:25); dos serventuários (Mt. 26:58); do assistente na sinagoga (Lc. 4:20), do servo auxiliar (At. 13:5); e dos guardas (Jo. 7:32). É também o caso da palavra utilizada em 1 Co. 4:1: "Assim, pois, importa que os homens nos considerem como ministros (huperetes) de Cristo... ou SERVIDORES de Cristo".

B) Diákonos – aquele que serve a mesa – Embora conheçamos hoje a função de um diácono, e até certo ponto valorizamos, na época em que surgiu, esta palavra chegou a significar algo como desonra para o homem livre, pois exigia a sujeição pessoal. A palavra também poderia referir-se simplesmente a cuidar das necessidades do lar e, às vezes, era também usada para indicar qualquer trabalho num sentido mais genérico, como prestar serviço a uma causa.

C) Synergon – trabalhar juntamente. O termo aparece em Rm. 16:3 e em 1 Cor. 3:9. A ênfase é a do trabalho em conjunto. O homem de Deus precisa conscientizar-se de que ele é apenas instrumento e sempre precisa de alguém para completar a obra. Quanto mais consciente dessa verdade, mais assertivo e efetivo se tornará o homem que conseguir servir o colega de trabalho, o amigo, os familiares e até mesmo uma pessoa desconhecida.

D) Leitourgos – fazer serviço para o povo. Aqui encontrei talvez a forma mais significativa para expressar o objetivo deste livro, descrito nos tex-

Coaching Ministerial

tos de Romanos 15:16 e Filipenses 2:25. A princípio, indicava o ato de fazer obras públicas a próprias expensas; é a forma mais antiga do termo ministério, e é composta de laos (povo) e ergon (trabalho). Daí é que vem o significado de servir a comunidade com um trabalho de atendimento ao público. O ministro é um leitourgos porque cabe a ele fazer discípulos, cuidar desses discípulos e levá-los ao crescimento na fé, para que se tornem semelhantes a Jesus, servindo o povo e a comunidade onde vive.

Algumas perguntas poderosas:

– Você está satisfeito com a sua forma de servir a humanidade?

– Você acha que pode contribuir mais com a sociedade?

– Se você avaliasse hoje a sua liderança, na percepção de suas habilidades, que nota daria, entre 0 e 10, para o seu desempenho como líder?

– Como está sua influência com seus liderados?

– Você tinha noção de que no local de seu trabalho pode exercer o ministério?

2 – LIDERANÇA – A arte de servir os servos

Gosto de um conceito que recentemente descobri, o qual diz que o "Líder é aquele que se dedica, hoje, ao serviço da humanidade inteira". Penso que essa frase diz muito sobre o verdadeiro propósito da liderança. Diferente do que muitos entendem como sendo uma forma de obrigar outros a fazerem as suas vontades, a liderança consiste mesmo em servir a todos.

Segundo James Hunter, autor de O Monge e o Executivo, a liderança é a habilidade de influenciarmos pessoas para trabalharem entusiasticamente visando atingir os objetivos identificados como sendo para o bem comum. O mesmo Hunter define que um líder se destaca por ter a capacidade de influenciar pessoas para que se envolvam voluntariamente em tarefas para a concretização de objetivos comuns.

Já para Napoleon Hill, "A liderança é o resultado do esforço organizado dirigido por um plano; concebido pela imaginação; guiado por um objetivo definido; movido por iniciativas e confiança, de maneira entusiástica."

E Jesus, o maior líder de todos os tempos, expressou muito bem o sentimento de que todo líder deveria ter em sua essência na liderança: "Eu não vim para ser servido, mas para servir".

Então, quanto mais firmes nós estivermos no propósito de servir, mais próximos estaremos da perfeição da nossa liderança. O líder que descobrir esta verdade estará caminhando a passos firmes para alcançar êxito em sua jornada de vida.

3 – REINO DE DEUS – A arte de servir a Deus

Falar de Reino de Deus, para mim, é falar do aspecto mais importante da vida. Não somente no sentido mais específico, quando se trata de sacerdócio e religiosidade. Mas se acreditamos que somos Filhos de Deus, então vivemos num mundo de Seu Reino, independentemente da religião que venhamos professar. Se existe um Deus criador dos céus e da Terra, então existe um reino de poder absoluto, e Leis que regem este planeta e todo o Universo.

Coaching Ministerial

Então não se trata de questões meramente proselitistas, de apontar caminhos da melhor igreja, ou coisa semelhante, mas simplesmente que todos os dias acordamos, nos alimentamos, trabalhamos, nos relacionamos e produzimos debaixo de um Governo Soberano – o Governo dos Céus. E este governo tem suas leis, princípios, normas e regras. Jesus sempre se identificava como alguém que representava um outro reino, e que não era deste mundo.

Servir a Deus é estar consciente de que há leis espirituais que regem o universo, e que, portanto, é a forma mais natural de demonstrar nossa gratidão pela oportunidade de usufruir do melhor desta vida, reconhecendo que o Reino de Deus tem como base o Trono de Deus, alicerçado na Justiça e Verdade.

Ser servo do Reino de Deus é promover a Paz entre as pessoas, é estabelecer a Justiça entre todos e garantir a vivência na Verdade de todos os fatos. Vamos servir o Reino no tempo que temos sobre a face da Terra.

COACHING: Um elo no Ministério, Liderança e Reino de Deus

Enfim, o coaching vem com a proposta de interagir com as demais relações – Ministério, Liderança e Reino de Deus. Então, qual a relação do coaching com o Reino de Deus? O que o coaching tem a ver com o Ministério? Será que o coaching pode me ajudar a tornar-me melhor líder do que eu já sou?

O coaching é o processo composto por um conjunto de conhecimentos, ferramentas e técnicas, que caracterizam uma metodologia específica, proporcionando o atendimento de algumas necessidades:

O elo se dá no propósito comum do coaching em servir o próximo, unindo cada aspecto da tríplice relação pelo respeito à humanidade, lutando pela igualdade, lealdade e respeitando a história de cada indivíduo, conduzindo-o pela estrada do conhecimento, descoberta de suas habilidades, desenvolvimento de alta performance e atingimento de metas, desenvolvendo a liderança no Ministério e em cada setor da sociedade.

O coaching nos relacionamentos

O Coaching Ministerial tem como proposta valorizar os relacionamentos que nutrimos em toda nossa vida pessoal, social, profissional e ministerial. Quanto mais descobrimos o valor do coaching, mas sabemos que necessitamos valorizar as relações interpessoais, que constroem toda a história de êxito de um líder.

Jesus sabia do poder que há nos relacionamentos saudáveis. As amizades construídas curam, revigoram as forças, renovam o ânimo, aliviam o cansaço e refrigeram a alma. O Mestre conhecia bem o significado do texto de provérbios, que diz: "Em todo o tempo ama o amigo, e na hora da angústia nasce o irmão".

Desenvolver o Coaching Ministerial é dar a oportunidade ao líder desenvolver as três áreas possíveis dos nossos relacionamentos, no dia a dia, que são:

a) Relacionamento com Deus;
b) Relacionamento com o Eu;
c) Relacionamento com o próximo.

Relacionamento com Deus – A primeira relação que devemos conhecer, aprender e desenvolver é o relacionamento com o nosso Criador. Desde o princípio,

Coaching Ministerial

fomos criados para esta comunhão, que se dava em todos os dias, antes do pecado nos ter afastado d'Ele.

Em Gênesis, o primeiro livro da Bíblia, aprendemos que o Senhor vinha falar com o homem, na hora da viração de todos os dias. Mas a desobediência do primeiro casal, Adão e Eva, interrompeu por um tempo essa comunhão.

Graças à misericórdia e ao amor de Deus, fomos restabelecidos no relacionamento com Ele, através de seu filho Jesus, e agora necessitamos reconhecer a Graça recebida e estabelecermos a conexão com o Pai Celestial, pelo respeito, temor e liberdade de expressar nossos pensamentos e sentimentos.

Creio que restabelecer esse relacionamento com Deus é primordial para desenvolvermos os outros tipos de relacionamentos. Por isso, o Coaching Ministerial é um convite a todos que desejam crescer no relacionamento com Deus, e isso será feito através de um plano individual para a leitura da Palavra de Deus, oração e devocional individual.

Somente quando conhecemos a Deus profundamente, em Seu Caráter, é que voluntariamente reconhecemos a sua Soberania sobre todas as coisas. E assim damos a ele toda Glória, todo Louvor, todo Domínio e Majestade, pelos Séculos dos Séculos.

Relacionamento com o nosso Eu – Nós não podemos nos esquecer do relacionamento interno, com a pessoa que mais se conecta com os nossos pensamentos, e que diariamente nos acompanha no dia a dia, que somos nós mesmos. Ignorar esse relacionamento intrapessoal é deixar de conhecer nossas forças internas, nossas capacidades, possibilidades, potenciais e habilidades.

Conhecer a si próprio é essencial para o nosso desenvolvimento e para o crescimento necessário no dia a dia. Mergulhar no autoconhecimento é vital para que desenvolvamos relacionamentos saudáveis com outras pessoas.

Há uma passagem bíblica que nos ensina exatamente isso, quando Jesus adverte seus discípulos a amarem o próximo como a si mesmo. Ou seja, é impossível amar outras pessoas, se primeiro não conseguirmos amar a nós mesmos. E isso somente será possível, se verdadeiramente conhecermos profundamente o nosso eu, nossas crenças, nossos potenciais, nossas habilidades, pontos fortes e os pontos de melhoria.

Aqui entra o saber ter autocontrole nos temperamentos, ter autodisciplina no tempo, na organização, nas finanças, desenvolver a inteligência emocional, controlar as reações, ser comedido nas palavras, enfim, ter disciplina nas metas e planos de ação para alcançarmos o fim desejado.

O autoconhecimento será conduzido pelo Coaching Ministerial através de ferramentas de *Assessment*, conhecimento de perfis, perguntas poderosas a respeito de nossas vidas, ministério, vida social e vida profissional, e saberemos como lidar com cada uma dessas áreas e como reagirmos ante a pressão natural que chegam até nós.

Relacionamento com o próximo – O último estágio dos relacionamentos é o relacionamento com o próximo. É impossível desenvolvermos melhor nossa humanidade sem o envolvimento com as pessoas próximas que nos rodeiam. E o desafio maior é extrair a melhor pessoa que existe em cada um de nós, para contribuir-

Coaching Ministerial

mos com a sociedade. O melhor eu, o melhor filho ou filha, o melhor marido ou esposa, o melhor pai ou mãe, o melhor profissional, o melhor servo ou serva de Deus.

E desenvolver os relacionamentos sadios com todas as pessoas que nos cercam é um dos grandes objetivos do Coaching Ministerial, que nos ajudará a viver em grupos, seja na escola, na universidade, no trabalho, no esporte, no ministério, na vizinhança e entre os amigos.

A resolução de conflitos, a melhoria nas comunicações, o saber dar e receber *feedbacks*, ter empatia e ouvir na essência são algumas das habilidades que precisam ser desenvolvidas nas relações sociais. E o Coaching Ministerial nos conduzirá na valorização desses relacionamentos, instrumentalizando cada discípulo do Corpo de Cristo no desenvolvimento dessas habilidades, para que cada grupo se transforme em verdadeiras equipes coesas, unidas num só propósito e transformadoras do mundo, através das boas novas do Evangelho.

O amor é o resultado da valorização de cada ser, culminando na manifestação do caráter, do respeito à individualidade, na aliança, no fazer o bem e no semear coisas boas.

O coaching e os valores cristãos

"Porque não me envergonho do evangelho de Cristo, pois é o poder de Deus para salvação de todo aquele que crê; primeiro do judeu, e também do grego." (Rm. 1:16)

Outro aspecto importante do Coaching Ministerial é que ao entrar na esfera da vocação e chamada sacerdotal, podemos dizer que o coaching é um processo que desenvolve pessoas e discípulos para atingir seus objetivos, com o diferencial de que em toda sua prática busca o fortalecimento dos valores e da fé cristã, priorizando a Visão do Reino.

Os valores que permeiam a vida de um cristão são destacados na carreira de cada discípulo de Cristo, e trabalhamos para marcar o crescimento desses valores que têm como base os princípios de Deus.

Uma das propostas do Coaching Ministerial é desenvolver cada cristão com essas habilidades e possibilitar a consciência do potencial de cada indivíduo, abrindo caminho para o desenvolvimento, fazendo com que ele acredite mais no êxito de sua caminhada, sem, no entanto, perder o entendimento de que todas as coisas são feitas por Deus, para Deus e por meio de Deus.

Ou seja, temos o cuidado de não centralizar a força e o poder na mão do homem, evitando com isso que haja uma independência da vontade de Deus na vida do cristão. Na realidade, entendemos a vontade de Deus como benéfica para nossa jornada, e jamais poderemos andar sem a aprovação de Deus para os nossos caminhos.

"Eis agora vós, que dizeis: Hoje, ou amanhã, iremos a tal cidade, e lá passaremos um ano e contrataremos, e ganharemos. Digo-vos que não sabeis o que acontecerá amanhã. Porque, que é a nossa vida? É um vapor que aparece por um pouco, e depois se desvanece; Em lugar do que devíeis dizer: Se o Senhor quiser, e se vivermos, faremos isto ou aquilo." (Tiago 4:13-15).

Esse texto bíblico nos faz concluir que podemos ter a força, o poder, a inteligência, a capacidade, a sabedoria, mas apesar de tudo isso não temos controle sobre uma coisa: o dia de amanhã. Então, por isso, devemos cuidar para não cair na presunção ou no orgu-

Coaching Ministerial

lho, de achar que temos o controle sobre tudo, porque a verdade é que não temos.

O controle que devemos ter é sobre o medo da mudança, é sobre os temperamentos, é sobre as reações dos acontecimentos inesperados que nos advém. Mas o futuro não pertence a nós ainda, só temos o presente, oferecido por Deus pela Sua graça e misericórdia, no dia que se chama hoje. O amanhã ainda nos será ofertado, por isso devemos ser gratos por essa nova oportunidade renovada em cada manhã.

O que espero é trazer o entendimento de quão perigoso é ultrapassar a linha do desejo de controle, pois podemos nutrir no coração o pensamento de que temos tudo sob controle, quando a vida nos ensina o contrário. Isso é orgulho e soberba. A humildade é reconhecer que tudo que somos, fazemos e temos é dádiva de nosso Criador.

No entanto, é importante também que haja a compreensão de que até mesmo a necessidade de sentir-se no comando em si não é ruim, pois foi plantada por Deus em nós, quando ele nos deu a liberdade para crescer, frutificar, multiplicar e dominar.

Dito isso, quero reforçar que o Coaching Ministerial procura estabelecer o vínculo com a fé, a humildade, submissão aos mandamentos do Senhor, a gratidão por todos os benefícios recebidos em Cristo Jesus, e sobretudo ter a aceitação de que necessitamos de Deus para todas as coisas.

O poder fazer todas as coisas anda por um caminho estreito. O homem sem Deus acha que tem o controle de todas as coisas, mas o homem que teme ao Senhor sabe que podemos, sim, todas as coisas, mas naquele que nos fortalece!

Então, o Coaching Ministerial vem para nos ajudar a encontrar a FORÇA do Senhor, que nos faz suportar tudo e acreditar que tudo é possível ao que crê!

Capítulo 5

O COACHING E O REINO DE DEUS

Há uma pergunta que sempre tenho escutado por onde eu dou palestras de coaching. É possível conciliar o coaching com o Reino de Deus?

Ao ouvir algumas dezenas de pastores e líderes manifestarem a preocupação e o medo de permitirem que o humanismo entre na igreja, através da prática do coaching, então mergulhei nos estudos para encontrar a melhor forma de nós, cristãos, entendermos os princípios e filosofia do coaching, sem com isso prejudicarmos nossa caminhada dentro do Reino de Deus.

É certo que alguns profissionais de coaching mergulham profundamente no lado mais arraigado do humanismo, que tem muitos objetivos nobres, mas que se não forem tomadas algumas precauções, podem incorrer no erro de centralizarem todas as ações decorridas única e exclusivamente da própria força do braço,

Coaching Ministerial

divinizando sua performance, ou seja, estabelecendo que todo poder e todo sucesso são atribuídos a decisão única de ir em frente, com o seguinte pensamento:

"Eu sou um homem poderoso, capaz de fazer qualquer coisa, bastando para isso uma decisão de crer em minhas forças e inteligência. Sou um ser poderoso, e creio ser como um deus, que ninguém pode deter".

Evitar esse pensamento é o cuidado que devemos tomar. Mas, por outro lado, é salutar entender a capacidade que nós temos como seres humanos, pois muitos não conhecem a força e o potencial que possuem, e por isso não conseguem realizar nem 10% do que são capazes. É comum muitos minimizarem seus potenciais, e até mesmo menosprezarem suas forças, assumindo constantemente o sentimento de fracasso, ao concluírem que não são capazes de vencer situações difíceis.

Acredito que o Coaching Ministerial vem trazer esse equilíbrio necessário. Elevar a capacidade da força que cada um de nós temos e, ao mesmo tempo, trazer a consciência de que Deus é quem nos dota de tais capacidades, e que proporciona tudo para que sejamos felizes nesta vida. É o que diz Romanos 8:28, quando o apóstolo Paulo relata que "todas as coisas cooperam para o bem dos que amam a Deus".

Se tivermos esse equilíbrio, sempre atribuiremos toda glória e toda honra àquele que nos criou e nos deu todas as condições necessárias para vencermos na vida.

O coaching tradicional e o cristão

Há uma necessidade de compreendermos qual a diferença entre o coaching tradicional, praticado na sua grande maioria, hoje em dia, e o coaching cristão.

É certo que o objetivo de ambos é causar resultados extraordinários para aqueles que são submetidos ao processo. Porém, há um pequeno detalhe que é importantíssimo para todo aquele que segue Cristo.

Se no coaching tradicional o processo conduz o indivíduo, grupo ou organizações para definirem os objetivos, planejá-los e se prepararem para os desafios, conquistando assim os resultados de forma consistente e duradoura, o Coaching Ministerial vai preparar seus alunos no mesmo intuito, incluindo, porém, um elemento essencial para a fé cristã: a vontade de Deus em tudo o que fazemos, sonhamos e projetamos para realizar.

Ou seja, podemos definir o conceito de Coaching Ministerial como um processo para o desenvolvimento de pessoas e organizações para atingirem seus objetivos, com o diferencial de que em toda a sua prática permeia o fortalecimento dos valores e da fé cristã, e prioriza o Reino de Deus.

Essa é a base do Coaching Ministerial, como não poderia deixar de ser, que vai nortear cada coachee dentro do caminho perfeito, alicerçado na Palavra de Deus, ajudando-o a cumprir o seu ministério na Terra.

De maneira alguma, eu quero traçar o paralelo entre o coaching tradicional e o coaching cristão, no intuito de exaltar este em detrimento daquele. Na verdade, o coaching cristão é uma extensão do coaching convencional que vem para ajudar os milhões de cristãos espalhados pelo mundo que necessitam de orientação e instrumentalidade no cumprimento de seu ministério.

É certo que o ser humano tem uma capacidade infinitamente superior daquela que ele costuma praticar

Coaching Ministerial

no seu dia a dia. E sem dúvida alguma, o coaching comum ou tradicional eleva essa capacidade e potencializa as suas realizações, ocasionando maior satisfação e sentimento de sucesso. Mas ao supervalorizar o poder do homem, se o fizermos sem os devidos cuidados, corremos o risco de esquecer um valor essencial na vida cristã: a vontade soberana de Deus.

Para nós, cristãos, é indispensável que nossos objetivos estejam alinhados com os ensinamentos da Palavra de Deus. Então surge a dúvida sobre como proceder para atingi-los. "Será que os meus objetivos estão de acordo com a Palavra de Deus?", "Qual o propósito de Deus para minha vida?".

Antes de continuarmos, é importante frisar que a vontade de Deus é boa, agradável e perfeita, e deve ser experimentada por todo cristão, como diz Romanos 12:3. Com isso, podemos descansar em fazer a vontade de Deus, entendendo que Ele sabe perfeitamente o que é bom para cada um de seus filhos.

As leis administrativas do Reino

Para entender sobre as leis administrativas do Reino de Deus, gostaria de elucidar que tenho observado e percebido que estas estão presentes em todo e qualquer lugar, onde se permite crescer esse Reino, transformando qualquer ambiente na família, trabalho, escola, sociedade, nas cidades e nações. São leis que administram com equidade, equilíbrio, justiça e paz, nos lugares onde sempre houver pessoas, grupos e equipes. Por isso o nome "leis administrativas".

1 – Governo

Existe sempre alguém que governa as ações neste planeta. Existe um Ser Supremo que governa tudo e todos, que está no controle de tudo. Existe uma soberania e um Rei Soberano.

Se há esse governo, o porquê de tantos desmandos e descontroles por parte da humanidade? O porquê de tantas tragédias, guerras, fomes, corrupções, violências e desastres naturais?

Acredito que a resposta para tudo isso é o resultado da prepotência e soberba do homem, em querer rebelar--se ao controle de Deus. Todo controle de Deus é para o bem da humanidade, mas quando o homem tenta desgarrar-se desse controle divino e tenta conduzir sozinho a sua vida, o faz para seu próprio deleite egoísta.

Aprender o controle sobre nossos impulsos, emoções, palavras e atitudes é primordial para o nosso crescimento e chegada ao sucesso. Esta é a primeira lei administrativa que devemos começar a aplicar em nossa própria vida. Depois, aprenderemos a controlar as ações de um grupo e de uma equipe. O Coaching Ministerial contribuirá para aprendermos esse governo para estabelecer harmonia, paz e crescimento.

2 – Organização

Tudo foi criado organizadamente por Deus. Primeiro a Luz, os astros, a terra, as águas, as árvores, a alimentação, os animais, e por fim o homem e a mulher. Tempo, espaço, geografia, história, ciência estão entrelaçados num sistema altamente organizado por uma mente superior, que nos aponta para a organização de nossas vidas.

Coaching Ministerial

Aprender sobre organização em todas as áreas deveria ser uma das principais matérias em nossas escolas, desde o ensino no jardim até às grandes universidades do país. E vou ainda mais além. Acredito que o sentido de organização, no entanto, deveria começar primeiramente no lar, através dos ensinos dos pais aos filhos, para que a educação na família nos preparasse melhor para a vida.

Você consegue organizar seu tempo, para aproveitar ao máximo da sua vida, com sua família e com você mesmo? Você consegue organizar seu espaço, sua geografia e escrever sua história de forma consistente e satisfatória, com a prova de seus resultados?

Uma das atividades práticas do Coaching Ministerial será estimular a organização em todos os aspectos de sua vida. É tempo de reorganizar a sua mente, aprender a organizar o quarto, arrumar a cama, tirar e colocar os objetos no lugar, e manter o ambiente de trabalho organizado, saber organizar o computador pessoal e as agendas para o alcance de melhores performances.

3 – Autoridade

Desde que nascemos, sempre tem alguém investido de autoridade para nos ajudar a direcionar nossas vidas. A autoridade é recebida e conduzida por alguém. Os pais, os professores, os guardas, os vereadores, deputados, governadores, senadores e o presidente, sempre constituem autoridades a que devemos respeito.

E isso nos aponta para uma organização de autoridades, a que chamamos de cadeia de hierarquias, pelas quais nos submetemos, em diversas fases de toda nossa história de vida. Honrar as autoridades é um mandamento bíblico, e entendo que recebemos estas ordenanças para nossa própria preservação e segurança.

Saber que a honra a estas autoridades garante paz para a nossa alma, entendo então que a lei da hierarquia é importante para administrarmos um tempo de longa prosperidade.

Se aprendêssemos desde cedo a obedecer às autoridades, hoje não teríamos tantos problemas de insubmissão no seio da igreja e tantos rachas e divisões de ministérios. (Hb. 13).

A simples percepção de que antiguidade é posto, como aprendemos nas forças armadas, teríamos na prática natural de nossa educação, o respeito e a obediência aos mais velhos, honrando a história de cada líder que existe sobre nós.

O Coaching Ministerial preza pela honra aos líderes e trabalhará insistentemente a melhoria desse princípio de honra, que precisa ser vivenciado pelos discípulos de Jesus, em todo e qualquer lugar, seja no ministério, no lado profissional, no convívio da família e da sociedade.

4 – Planejamento

O planejamento é essencial para qualquer desempenho favorável. Planejar significa organizar tempo, ocupar bem o espaço, evitar gastos e desperdícios, encontrar as melhores estratégias, traçar metas e alcançar o resultado.

Coaching Ministerial

Jesus falou que quando um rei parte para a guerra, antes planeja com seu exército para ver se tem capacidade para derrotar o inimigo. E se alguém precisa construir uma torre, antes analisa os custos para saber se pode construí-la.

O planejamento antecipa o nosso futuro, pois ao fazermos o plano de ações consideramos situações que podem ou não acontecer, trabalhando insistentemente para a realização de um objetivo.

Segundo os especialistas, planejamento é uma palavra que significa o ato ou efeito de planejar, criar um plano para otimizar o alcance de um determinado objetivo. E essa palavra pode abranger muitas áreas diferentes.

O planejamento consiste em uma importante tarefa de gestão e administração, que está relacionada com a preparação, organização e estruturação de um determinado objetivo. É essencial na tomada de decisões e execução dessas mesmas tarefas. Posteriormente, o planejamento também agrega a confirmação se as decisões tomadas foram acertadas (*feedback*).

5 – Direitos e deveres

Todos nós temos direitos e deveres a cumprir em todo lugar onde temos responsabilidades. E não seria diferente também no Reino de Deus. Esta é uma lei administrativa das mais importantes, que garante o ambiente saudável nas igrejas, células, nos grupos de liderança e onde estivermos, pois somos representantes legais do Reino de Deus.

Se queremos alcançar uma boa harmonia no ambiente ministerial, temos que sempre nos lembrar de que todos precisamos cumprir nosso papel com total responsabilidade.

Temos o direito de sermos respeitados, mas também temos o dever de respeitar o próximo. Temos o direito de sermos ouvidos na essência, mas também temos o dever de escutar na essência o que o outro está nos dizendo. Temos o direito de escolher o melhor, mas não devemos esquecer que o irmão também tem o mesmo direito.

Temos o direito de tomar decisões, mas também o dever de permitir que outros também tenham o poder de escolha. Temos o direito de ir e vir, mas também o dever de deixar que o próximo também tenha liberdade de fazer o mesmo. Temos o direito de expressão livre, mas também o dever de garantir a mesma liberdade de expressão para aqueles com os quais não concordamos.

6 – Produtividade

Outra lei bastante importante é, sem dúvida nenhuma, a Lei da Produtividade. Devemos entender por produtividade tudo aquilo que cumprimos durante o nosso dia a dia, para garantir o alcance das metas e objetivos traçados para a jornada ministerial.

Se formos observar minuciosamente em toda a Bíblia, perceberemos que Deus sempre provocou a produtividade de suas criaturas, desde o início da criação. As árvores, os animais domésticos, as feras do campo, os peixes, as aves, os répteis e, lógico, o homem e a mulher, foram instruídos e capacitados para produzir com inteligência os seus frutos, conforme as suas espécies. Jesus lembra seus discípulos, em João 15, que fomos chamados para produzir frutos. "Não fostes vós que me escolhestes, antes, eu vos escolhi para que vades e deis fruto".

Coaching Ministerial

A produtividade administra o tempo de descanso, pois quanto mais produtivo nos tornamos, mais tempo sobra para que tenhamos equilíbrio na agenda diária, priorizando a saúde da família e no desenvolvimento de melhoria contínua. A produtividade é inimiga da procrastinação, por isso, sempre devemos combater essa postergação das tarefas a que nos submetemos todos os dias.

7 – Responsabilidade

A sétima lei administrativa do Reino tem a ver com a conscientização que devemos ter da responsabilidade com o Reino, e por tudo aquilo que recebemos para administrar na vida. Se existe alguma coisa que Deus reprova nas atitudes de um líder ou servo é a falta de responsabilidade com seu Reino.

Deus alerta para o seu povo que maldito é o homem que trata a obra do Senhor relaxadamente, sem zelo, sem responsabilidades. O coaching também se utiliza dessa lei administrativa, quando conscientiza o cliente ou coachee na responsabilidade que ele tem em cumprir as tarefas que o conduza para mais próximo do objetivo determinado.

Como o chamado de cumprir a vocação ministerial é o objetivo de todo cristão, ser responsável pelo chamado é essencial para que cada líder e discípulo possam cumprir com êxito a sua soberana vocação. O processo de coaching depende quase que totalmente do coachee para que este logre êxito, sendo que o coach orienta seus alunos a se sentirem cada vez mais mergulhado na responsabilidade sobre o processo.

O coaching no discipulado

Por muitos anos, tenho observado o comportamento da Igreja do Senhor Jesus, e verifiquei que de certa forma ela tem negligenciado a Grande Comissão de Jesus, descrita em Mateus 28:16-18, deixando a desejar o ponto principal desta comissão, que é a prática do discipulado.

A ordem que Jesus deu para os seus discípulos é clara, quando determina que cada um deles fizessem discípulos de todas as Nações, mas por algum motivo essa ordem ficou meio confusa, pois muitos não sabem o verdadeiro sentido de fazer discípulos. Apesar de que nas últimas décadas, a ênfase no discipulado tem crescido de forma acentuada, principalmente com o surgimento das Igrejas em Células, em seus diversos segmentos.

No entanto, percebemos que a teoria tem sido grande, mas a prática não tem acompanhado nem de perto em sua realidade, pois o que vemos são igrejas que em sua maioria adotam atividades diversas, e programas evangelísticos de todos os tipos, mas que, em muitos casos, não produzem resultados que sejam de fato transformadores.

Obviamente, isso causa um sentimento de frustração na maioria das igrejas que acreditam no potencial dos Grupos Pequenos, mas que caem no ativismo sem a efetividade do discipulado. A tão sonhada fórmula de "fechar as portas do fundo da igreja" que parecia ter sido encontrada principalmente no início da Visão Celular, hoje parece não fazer o efeito conforme se previa.

Coaching Ministerial

Objetivos do coaching no discipulado

Então, acredito que aqui entra a contribuição da aplicação do coaching no discipulado, que tem como característica principal permitir o cristão de usufruir o direito de encontrar respostas, acelerando com isso os resultados de todos aqueles que se submetem à prática do processo.

Primeiro, porque o coaching é uma ferramenta que ajuda o coachee na descoberta de si mesmo, em sua essência profunda. Depois, o processo de coaching também auxilia com técnicas e leva a pessoa a perceber sua missão, seus objetivos de vida, e suas metas para alcançar o estado desejado. E por último, o coaching provoca ações que traduzem de fato os resultados esperados. Isso manterá o foco de cada discípulo fixo no objetivo final.

Por esses motivos, creio que o coaching tem tudo a ver com o discipulado ensinado por Jesus. Pois em sua relação com os 12 discípulos, o Mestre ensinava cada um deles a conhecerem a si próprios, a encontrarem suas missões, a descobrirem o propósito de existência, e a terem metas e ações específicas no trabalho de levar as Boas Novas do Evangelho para a humanidade.

O coaching e os 7 princípios bíblicos

"E não vos conformeis com esse século, mas transformai-vos pela renovação da vossa mente, para que experimenteis qual seja a boa, perfeita e agradável vontade de Deus". (Romanos 12:2)

Acreditamos que viver por princípios bíblicos agrada completamente ao coração de Deus, e não somente isso, é a maneira mais perfeita que alguém pode ter para alcançar uma vida cheia de graça, alegria, satisfação e vitória em todos os seus aspectos.

A palavra "princípio" se origina da palavra grega arkê, que significa origem de tudo, isto é, aquilo de onde uma causa procede, ou seja, a primeira Verdade.

Mas acreditamos que estes princípios bíblicos não se resumem às doutrinas de um grupo religioso, pois eles são válidos para todos os que os praticam em todas as gerações, em todas as geografias e em todas as camadas sociais.

E todos aqueles que se dignam a viver debaixo desses princípios possuem a mente renovada, discernimento espiritual, fluem nos dons do Espírito Santo, ajustam suas vidas em todas as áreas, e mudam completamente o estilo de vida.

São sete os princípios bíblicos que vamos nortear toda a vida cristã. E estes sete princípios também nos dão alicerces para o Coaching Ministerial. E conhecer estes sete princípios será um passo primordial para uma vida pautada no êxito em nosso ministério. Vamos a eles:

1. CARÁTER

"E disse Deus: Façamos o homem à nossa imagem, conforme a nossa semelhança; e domine sobre os peixes do mar, e sobre as aves dos céus, e sobre o gado, e sobre toda a terra, e sobre todo o réptil que se move sobre a terra." (Gênesis 1:26)

O Caráter de Deus foi introduzido no coração do homem no ato da criação. E o plano original de Deus era que Adão e Eva fossem os embaixadores do Reino de Deus, ao transportarem em seus corações as leis divinas, sendo eles os representantes do bom caráter

Coaching Ministerial

do Pai, que compreende a Sua benignidade, bondade, mansidão, domínio próprio, amor e obediência.

Infelizmente, a queda trouxe o mau-caratismo alicerçado na mentira, no engano, na rebeldia, na desobediência, na ira, na corrupção, na inveja e na inimizade. É por esse motivo, que vemos tantas ações da maldade entre os homens.

Mas à medida que desenvolvemos esse bom caráter, então acrescentamos em nossas realizações um coração santo, tratado, ensinável, organizado, responsável, cumpridor das tarefas e disciplinado em nossos planos de ações, começando e terminando o que propusemos a realizar.

Restaurar o Caráter é a primeira tarefa de cada cristão, que nasce de novo. E para isso apoiamos o incentivo à leitura das Escrituras Sagradas, para conhecimento profundo de quem nós somos, de onde viemos, para que existimos, com que propósito nos movemos e qual a nossa missão de vida.

Criar uma maneira prática de leitura, estabelecendo um planejamento anual, ou semestral, de leitura bíblica será um desafio estimulado pelo processo de Coaching Ministerial.

2. MORDOMIA

"Tomou, pois, o SENHOR Deus o homem e o pôs no jardim do Éden, para lavrá-lo e guardá-lo." (Gênesis 2:15)

O Princípio da Mordomia diz respeito ao ato de administrar e gerenciar. Quando Deus fez o homem e o colocou no Éden, era necessário desenvolver esse princípio de trabalho. Adão precisava guardar o jardim, e precisava preparar esse jardim para o crescimento de todas as coisas.

O trabalho é fruto de mordomia, de administração, de gerenciamento. Todos estes aspectos dizem respeito ao fruto da responsabilidade e habilidade de administrar o que chega às nossas mãos.

Segundo o dicionário da língua portuguesa, Mordomia significa guardar, tomar conta, observar, administrar, ter zelo, cuidar com atenção, proteger.

Quando estamos no exercício de nosso trabalho, estamos desenvolvendo o princípio da mordomia. É necessário que nos tornemos bons mordomos em diversos aspectos de nossas vidas: saúde física, saúde emocional, gestão de tempo, administração financeira, desenvolvimento de dons naturais, talentos e habilidades, e no uso dos dons ministeriais para a edificação do Corpo de Cristo.

O Coaching Ministerial ajudará cada cristão a ser mordomo no Ministério dado por Deus, incentivando e proporcionando o desenvolvimento da mordomia na família, nos grupos de trabalho, nas células, nos grupos pequenos, nas reuniões do Templo e em todo lugar que estivermos representando o Reino de Deus.

A produtividade de cada um de nós é o resultado da administração e gerenciamento que desenvolvemos no viver diário, administrando bem o tempo, os compromissos e as responsabilidades. A mordomia implica em cuidar com amor das coisas de Deus e também em administrar o que Deus nos confiou.

Devemos entender que estamos nessa terra como passageiros, e somos mordomos do Reino. Nada é criado por nós mesmos, tudo vem de Deus. O bom mordomo cuida com zelo de tudo o que seu dono

Coaching Ministerial

possui: a família, os bens, os dons, os talentos, a profissão, o ministério etc.

Algumas perguntas são necessárias neste momento. Não continue lendo este livro, antes de responder com franqueza a estas perguntas:

1) Você tem sido zeloso com seu corpo? (1 Cor. 3:16; 6:19-20)
2) Você tem cuidado bem de sua alma? (Pv. 4:23)
3) Você cuida bem da família que Deus deu a você? (1 Tm. 5:8)
4) O quanto você se importa com o seu ministério? (Hb. 10:23-25)
5) Tem cuidado de seus líderes espirituais? (Hb. 13:17)
6) Como você administra o seu tempo? (Ef. 5:14-17)

3. DISCIPLINA (AUTOGOVERNO)
"Como a cidade derribada, que não tem muros, assim é o homem que não pode conter o seu espírito." (Provérbios 25:28)

Este Princípio nos ensina sobre disciplina e autocontrole nas atitudes, nas emoções, nos limites, nas regras e leis, nos relacionamentos. Até onde podemos ir? Quando podemos prosseguir?

Sabemos que o homem se difere dos outros animais, por ser um pensante, que raciocina, que tem poder de decisão de obedecer ou desobedecer. A obediência, inclusive, é o ponto chave para vivermos este princípio.

Mas como tornar-se obediente se não existisse a liberdade de desobedecer. Aí entra o livre-arbítrio, que infelizmente a esmagadora maioria da humanidade parece que ainda não a entendeu, pois não compreende que o fato de poder escolher entre um e outro nos faz tão livres para acertar ou errar, porque a verdadeira obediência é aquela que sobrepõe sobre a possibilidade de desobedecer. Ou seja, o poder de escolha está exatamente na consciência de que apesar de poder fazer o que é errado, por livre e espontânea vontade, podemos escolher fazer o que é certo. Infelizmente, a maior parte dos seres humanos escolhe o lado do erro.

O homem pensa, raciocina, decide, obedece. Isso implica disciplina e obediência. A nossa transformação ocorre de dentro para fora. Só o Espírito de Deus pode nos disciplinar. Uma das melhores expressões deste princípio é a disciplina. Temos que ser pessoas disciplinadas. Até a natureza se autogoverna. Ela obedece ao Criador, mas o homem é quem tem comprometido essa natureza.

A palavra-chave do autogoverno é a obediência. Quanto mais domínio e autogoverno (governo interno) eu tenho, menos governo externo precisarei. Quando Deus permitiu que Adão e Eva escolhessem entre o caminho da obediência e o da desobediência, é porque se fazia necessário que eles aprendessem a ter autocontrole, a obedecerem, a escolherem entre o certo e o errado, e terem consciência entre o que podiam e não podiam, sabendo dos seus limites.

O autocontrole, ou controle sobre nós mesmos (autogoverno) nos ensina a cumprir alvos e atingir nossas metas. Exatamente por isso, o Coaching Ministerial irá treinar você para dominar os impulsos e aprender a vencer a procrastinação, que nos afasta da satisfação plena e da correspondência para com as expectativas daqueles que investem em nossos potenciais e confiam em nosso êxito.

Quebrar o Princípio do Autogoverno traz conse-

Coaching Ministerial

quências desastrosas: descontrole, desarmonia, desobediência e quebra dos limites que nos protegem. O objetivo deste princípio é preservar o que é mais importante e benéfico para nossas vidas.

4. SEMEAR E COLHER

"E ordenou o SENHOR Deus ao homem, dizendo: De toda árvore do jardim comerás livremente, mas da árvore da ciência do bem e do mal, dela não comerás; porque no dia em que dela comeres, certamente morrerás." (Gênesis 2:16-17)

O Princípio da semeadura fala de causa e efeito. Tudo o que estamos escolhendo hoje é reflexo do que semeamos ontem (Gálatas 6: 9-10; Provérbios 19:17).

O primeiro Adão semeou desobediência. E isso trouxe grandes consequências para sua vida, e o pior, atingiu toda a descendência da humanidade. O pecado do primeiro casal trouxe a semente da desobediência sobre todos, e por isso sofremos a consequência da morte nos dias de hoje.

Foi necessário vir o último Adão (Jesus), para semear a obediência a fim de que toda humanidade também colhesse os frutos, e assim fôssemos libertos do mal e do pecado. A obediência de Jesus suplantou a desobediência de Adão, pois a rica misericórdia do Senhor é maior que o pecado.

Voltando ao ponto do Princípio do Semear e Colher, é fato comprovado o que a Palavra de Deus ensina em Gálatas 6:7, quando diz: "Não vos enganeis. Deus não se deixa escarnecer, pois tudo o que o homem semear, isso também ceifará".

Se alguém fala a verdade, então irá colher a forta-

Ariel Nobre

leza da verdade em sua vida. Se formos bons alunos, seremos bons mestres. Se formos bons filhos, estamos candidatos a nos tornarmos bons pais. Nós sempre colheremos a semeadura de tudo o que plantamos, de bom ou ruim.

Em se tratando de Ministério, até nossos discípulos colhem o que semeamos. Se estamos plantando uma boa semente, podemos estar convictos de que teremos uma excelente colheita.

Mas é primordial que saibamos que uma semeadura de excelência demanda esforço. Não devemos achar que podemos semear de qualquer forma. Para que a semente vingue, temos que entender o princípio da semeadura toda dedicação necessária para o preparo do terreno, e assim usufruirmos a capacidade máxima de nossas plantações.

Sabemos que algumas sementes produzem com o potencial máximo, mas algumas atingem a capacidade menor, foi isso que Jesus explicou ao contar sobre a Parábola da Semeadura, onde lemos que as sementes que caíram em terra boa produziram 30, 60 e 100 por 1.

No Coaching Ministerial, vamos explorar a capacidade máxima de cada semente. Entendemos que a semente representa cada um de nós, que somos cooperadores do Reino de Deus. Mas a resposta dessas sementes será diferente para cada tipo de pessoa e dependerá de alguns fatores, como lugar apropriado, profundidade, luz e calor. Isso fala de oportunidades, de recepção, de aceitação da palavra e produtividade desobstruída.

E para que tenhamos capacidade máxima na

produtividade no Reino, é necessário empenho, esforço, foco, planejamento, disciplina, autoconhecimento e perseverança no cumprimento das metas até atingirmos o alvo.

5. SOBERANIA

"E Adão pôs os nomes a todo o gado, e às aves dos céus, e todo animal do campo; mas para o homem não se achava adjutora que estivesse como diante dele." (Gênesis 2:20)

Deus é Soberano, Rei do Universo. Querendo ou não, pois uma minoria não quer aceitar o fato da existência de Deus, o Criador sempre será soberano. A terra, o ar, a criação, a natureza, os povos, os mundos, os sistemas galácticos, tudo estão debaixo do controle de Deus.

Mesmo assim, entendemos muitas vezes o princípio da Soberania de modo errado. Quando pensamos em Soberania, temos a tendência de imaginar como soberano o líder que exerce sua liderança de forma.

Mas o Princípio da soberania implica um Deus Soberano, que discute com Adão, sua criação mais elevada, permitindo-lhe participar do projeto original da criação, dando-lhe poder de planejamento, julgamento e execução de muitas obras junto com Ele.

Deus em sua soberania decide não interferir quando Adão coloca o nome em todos os animais, pois esperava que ele percebesse a natureza dos animais, machos e fêmeas, e enxergasse a necessidade dele como homem em ter igualmente uma companheira.

E da mesma forma, Deus tem um plano específico

para cada um de nós, e para isso devemos criar um relacionamento com Ele e Sua Palavra, para que tenhamos assim a capacidade de raciocinar dentro dos princípios da Sua eterna palavra, através do Espírito Santo, que habita em seus filhos. Deus é soberano sobre a criação, sobre as nossas vidas e sobre todas as coisas.

Somente assim conseguiremos raciocinar com Deus e descobriremos o plano soberano que Ele tem para nós. Mateus 6:33 revela que devemos buscar o Reino de Deus em primeiro lugar, e todas as coisas das quais necessitamos serão acrescentadas.

Mas para que descubramos essa vontade de Deus para as nossas vidas, devemos aprender a discernir as vozes que falam em nossos ouvidos. A voz do eu, a voz de Deus e a voz do inimigo. Provérbios 16:1 diz que "O coração do homem pode fazer planos, mas sempre a resposta certa vem do Senhor".

Os planos fazem parte das nossas vidas, e Deus não quer tornar-se de maneira nenhuma o "estraga prazeres" de nossas vontades, mas Ele conhece bem o nosso coração e sabe discernir os propósitos e as intenções de nosso interior. Ele esquadrinha o coração e prova os rins, como diz em Jeremias 17:10.

"Enganoso é o coração, mais do que todas as coisas, e perverso; quem o conhecerá? Eu, o Senhor, esquadrinho o coração, eu provo os rins, e isto para dar a cada um segundo os seus caminhos e segundo o fruto das suas ações".

Mas o que exatamente Deus queria dizer quando prova o coração e os rins do homem. Bom, inicialmen-

Coaching Ministerial

te é importante entender a explicação física das funções destes dois órgãos tão importantes do corpo humano. A medicina explica que o coração é o órgão que bombeia o sangue de forma que este sangue circule no corpo, e os rins são dois órgãos existentes na parte de trás do abdômen que limpam o sangue das impurezas do corpo, funcionando como filtros.

Trazendo para o lado espiritual, o coração é a sede do pensamento e representa o homem todo (Jl 2:13), enquanto que os rins são a sede dos instintos mais profundos de cada ser humano.

E como o Coaching Ministerial associa o princípio da soberania divina no caminho da felicidade do homem? Sabemos que a vontade soberana de Deus para seus filhos é que verdadeiramente encontremos as respostas corretas, como diz Pv. 16:1. Essas respostas estão inseridas no espírito humano pelas experiências da vida, percepções e sentimentos, pelo exemplo de vida e as crenças, que podem tornar-se grandes aliadas no cumprimento de nossa missão.

E estas respostas corretas nos fazem mais felizes. No entanto, Deus nos deu a liberdade de encontrar as respostas com nossos próprios passos. Ele não impõe essas respostas como um Rei carrasco, antes dá o livre-arbítrio como condição de adquirir a resposta mais pura, que é o ponto chave para as mudanças necessárias. Seria fácil para Deus nos criar com um dispositivo pré-determinado para fazer as coisas que lhe agradassem, mas desta forma Ele não proporcionaria o que mais deixa o ser humano plenamente satisfeito, que é a sua própria capacidade de cocriar e encontrar as respostas em seu coração. Isso é um presente de Deus para seus filhos.

6. INDIVIDUALIDADE

""E Adão pôs os nomes a todo o gado, e às aves dos céus, e todo animal do campo; mas para o homem não se achava adjutora que estivesse como diante dele." (Gênesis 2:20)

Apesar de cada criatura de Deus ter sido definida com as características semelhantes às de sua espécie, como, por exemplo, o macaco ter características iguais as da sua espécie de macaco (como rabo, orelhas, pelo etc.); o coelho ter todas as características de um outro coelho e sua espécie; o cavalo com as características que lhe são peculiares; e também a margarida se parecer com as margaridas de sua espécie, as rosas com perfil semelhante a de outras rosas, é importante lembrar que cada ser criado por Deus tem a sua peculiaridade, tem a sua individualidade.

O homem tem suas semelhanças humanas em toda e qualquer parte do planeta Terra, ou seja, tem cabelos, nariz, boca, orelhas e membros semelhantes em todos os países, por mais que existam as diferenças raciais, que simplesmente existem para dar uma graça a mais na natureza, surgindo com as diferentes individualidades. Cada ser é único e insubstituível dentre as criações de Deus Todo-Poderoso.

Isso implica o Princípio da Individualidade de toda criação, que possui variedades distintas e natureza individualizada. Assim, Deus estabelece o homem com o domínio sobre a Terra, como criação superior. Todas as coisas que Deus criou têm uma identidade peculiar, e isso determina cada uma das tribos, povos e raças com características específicas.

Assim encontramos nos grupos sociais, níveis diferentes de culturas, entendimento, percepções, inteligência e personalidades diversas. Podemos acreditar que a individualidade garante a cada ser humano neste planeta a unicidade, e a preparação para algo específico. Isso nos faz incrivelmente destinados a contribuir exatamente com a particularidade ímpar inerente a cada um de nós.

Desta forma, o Coaching Ministerial irá nos auxiliar a encontrar a essência dessa individualização, ou seja, a valorização de cada indivíduo. E como isso irá acontecer? Através da percepção dos valores que temos, da importância que temos para o Universo, e para a grandeza do chamado de cada discípulo de Cristo.

7. ALIANÇA (UNIÃO)

"Portanto deixará o varão o seu pai e a sua mãe e apegar-se-á à sua mulher, e serão ambos uma carne." (Gênesis 2:24)

Quando Deus criou o mundo, e preparou a Terra como habitat natural para o homem, antes estabeleceu os seus fundamentos alicerçados na lei da aliança, expressada pela primeira vez na família, que foi o primeiro ministério instituído por Deus.

O pacto estabelecido entre o primeiro casal, entendido por Adão como aliança que formata a união de dois seres em uma só carne, conforme descrito no livro de Gênesis 2:24, é de fundamental importância para compreendermos o sétimo princípio bíblico, que redundará no sétimo princípio do Coaching Ministerial.

Este princípio fala de unidade. Adão e Eva tornaram-se uma só carne. A unidade é capaz de juntar duas pessoas totalmente diferentes em suas ideias, e estabelecer o pacto para o sucesso. Essa harmonia externa surge da unidade interna, ou seja, parte do desejo de cada indivíduo, para alcançar resultados surpreendentes com a lei da unidade.

A Aliança da unidade traz consigo um poder tremendo de multiplicação e prosperidade. Essa verdadeira prosperidade está ligada a uma alma próspera, que não negocia a sua aliança por nada neste mundo, nem mesmo por um prato de lentilhas. Deus nunca vai deixar de ser um Deus de aliança, de pactos e de autoridade. O sétimo princípio do Coaching Ministerial fala de parceria entre o líder coach e o discípulo, que promove um selo, um pacto até que ambos cheguem ao destino estabelecido.

O descanso somente aparece quando a meta é alcançada. Mesmo que seja um caminho árduo, não existe desistência na unidade. A aliança fortalece o objetivo comum, e facilita o caminho para o êxito. Se não houver essa parceria, essa aliança, os desafios serão abandonados no meio do caminho, mas, segundo o autor da carta aos hebreus, nós não somos daqueles que desistem, pelo contrário, somos perseverantes na fé inabalável, até que cheguemos ao nosso destino.

Capítulo 6

O COACHING NA BÍBLIA

Quando percorremos em leitura as páginas da Bíblia, é certo que não vamos encontrar em nenhum versículo a palavra coaching, ou qualquer termo que nos identifique teoricamente os termos do coaching, ou que seja relacionado com as práticas e ferramentas que hoje conhecemos no processo.

Mas, ao analisarmos minuciosamente os livros contidos na Bíblia, e lermos atentamente suas histórias bíblicas, utilizando nossa "lupa" aguçada de coach, podemos encontrar diálogos que denunciam os princípios do processo de coaching, estimulando nas pessoas relacionadas, através principalmente das perguntas poderosas, o senso de foco, ação, metas, plano de ação, e estratégias para alcançar os resultados desejados.

Vamos a alguns destes relatos:

Coaching Ministerial

1 – A primeira sessão de coaching no mundo

Logo no primeiro livro da Bíblia, o livro de Gênesis, no capítulo 3, vemos a primeira sessão de coaching no mundo. O coach era o próprio Deus, e Adão e Eva, seus primeiros coachees.

Naquela altura, Adão e Eva, que formaram o primeiro casal a viver sobre a Terra, estavam confusos, desorientados e debaixo de sentimento de culpa e vergonha, por haverem transgredido uma ordem direta de seu Criador.

Então surge o coach, à procura de seus coachees, mas estes, ainda sob o medo, tentaram esconder-se daquela inesperada "sessão de coaching". Porém, o coach Elohim, que sabia onde eles estavam, lança uma pergunta daquelas, conhecida no coaching como uma pergunta poderosa: "Adão, onde estás?"

Esta pergunta, que a princípio parece óbvia, pois se Deus é Deus onisciente, que conhece todas as coisas, por que iria indagar onde eles estavam? Na verdade, era a pergunta para provocar em Adão e Eva a conscientização do presente e denunciar qual era o Estado Atual em que se encontravam. Onde eles estavam? E o porquê de estarem naquela situação?

Deus estava convidando Adão e Eva a reconhecerem onde erraram, e não ficarem lamentando-se pelo erro e presos por anos no passado. Depois, Deus estabeleceu os novos limites e as novas metas do casal.

Muitas vezes, é necessário planejar uma ação de reconquista dos territórios que perdemos. Não adianta fazer planos para o futuro, se não sabemos onde estamos no presente momento. Ali, Adão e Eva tiveram consciência do que havia acontecido, e receberam novas metas, de trabalhar com muito afinco, e até de enfrentarem obstáculos para voltarem a vencer, como a dor, o suor, aumento de esforço e principalmente o inimigo do medo.

2 – O Self Coaching de Davi

Há uma história na Bíblia bastante conhecida e pregada nos quatro cantos da Terra. É a história do confronto entre Davi e Golias, O livro de 1 Samuel narra quando Davi enfrentou o gigante filisteu, que já há 40 dias amedrontava e desdenhava do povo de Israel. Não é meu intuito aqui discorrer teologicamente a exegese bíblica desta batalha, que traz muitos significados para o nosso dia a dia, e que são extremamente importantes para nosso desenvolvimento. Deixo isso para os grandes teólogos de plantão.

Na verdade, quero trazer uma reflexão sobre esse embate mais desproporcional que já houve em toda a história da humanidade, sob um aspecto muito importante do coaching, que é primordial para todo aquele que deseja ter sucesso na vida: o foco e a superação dos conflitos internos e das crenças limitantes.

O conflito clássico do pequeno Davi contra o gigante Golias é narrado em 1 Samuel 17. De um lado, estava um jovem franzino, possivelmente com 1,65 m de altura, de boa aparência, olhos azuis, sem nenhuma experiência em guerras, usando como arma apenas uma funda e cinco pedrinhas tiradas da beira do rio; e do outro, um verdadeiro troglodita, com 2,98 de altura, armado até os dentes, com escudo, com uma espada maior que seu oponente, lança na mão e um mau humor crônico, sendo guerreiro acostumado com as batalhas.

Bem, talvez não tenhamos ideia de quão difícil era para o jovem estar ali parado na frente do gigante, e que ao lermos o relato na Bíblia, hoje, quase quatro mil anos depois do fato ter acontecido, possa parecer uma simples luta de MMA, daqueles tipos de lutas armadas nos ringues, como Fantomas x Sancho Pança (Só os antigos vão lembrar dessa!!).

O fato é que, durante 40 dias, todo um exército de homens preparados para a guerra estava escondido, com medo de enfrentar aquele ser descomunal, que todas as manhãs vociferava impropérios contra a nação israelita e seu Deus. Talvez, pelo tamanho do descalabro de ter que enfrentar uma besta fera daquele tamanho.

Mas então surge um homem que tinha uma alma cheia de louvores e adoração, e de palavras que deixam qualquer poeta da atualidade a anos-luz para trás, tamanha coerência e poesia que alcançavam os céus, mas com um coração de guerreiro, disposto a enfrentar o que fosse para defender sua missão de pastor, como fizera com o leão e o urso que haviam tentado roubar as ovelhas que estavam sob seus cuidados, e representar seu Deus a quem tanto amava.

Naquele instante, se fosse algum de nós que estivesse frente a frente com o gigante, o que pensaríamos? Qual seria o nosso plano para enfrentarmos esse guerreiro de 2,98? Teríamos a destreza de permanecer concentrados na percepção de aproveitar talvez uma única chance de vencermos aquele gigante? E qual seria o resultado da batalha?

Davi tinha todos os ingredientes em seu contexto para perder a concentração: cenário totalmente desfavorável, uma visão de dar medo, homens guerreiros apavorados, um rei que fugiu da batalha, um gigante na frente que assustava qualquer um, e não era para menos, senão vejamos:

Quanto à estatura de Golias, não há nenhum exagero nas medidas mostradas pela Bíblia – seis côvados e um palmo – exatamente 2,98 m de altura, a considerar o côvado a 0,45 cm (do cotovelo à ponta do dedo médio) e o palmo a 22,5 cm.

Não era só isso que impressionava e que metia medo em qualquer homem da época. Golias possuía ainda um apetrecho de batalha, que totalizava um valor aproximado de 80 k: haste da lança de 8 quilos, mais a ponta de ferro de aproximadamente 6,8 quilos, equivalente a um eixo (de tecelagem da época), mais a armadura com aproximadamente 57 quilos. E mais o escudo, que pesava aproximadamente 8 quilos.

E somado a isso, o sentimento da morte batendo à porta, e palavras ofensivas que penetravam na alma de qualquer homem, menos na de Davi. Penso que aqui está toda a chave para a vitória de Davi: a capacidade de se manter focado na tarefa.

Os irmãos de Davi o repreenderam e o desqualificaram para a batalha (palavras negativas); o Rei Saul também o mandou embora, dizendo que ele era muito jovem e inexperiente (desprestígio), o gigante Golias desprezou-o, dizendo que Davi parecia mais com um moleque correndo atrás de um cão, com pedaços de pau na mão.

Coaching Ministerial

A resposta de Davi surpreende a todo instante. Diante dos irmãos, ele afirmou que tinha razão para estar ali. Ao rei Saul, suas palavras foram firmes ao dizer que o rei não desfalecesse, pois ele tinha chegado para resolver o problema. (O Senhor me livrou da mão do leão, e da do urso; assim, ele me livrará da mão deste filisteu – v.37).

E diante de Golias, as palavras de Davi foram: "Tu vens a mim com espada, e com lança, e com escudo; porém, eu venho a ti, em nome do Senhor dos exércitos de Israel, a quem tens afrontado. Hoje mesmo, o Senhor te entregará na minha mão." (1 Sm. 17: 45-46).

Foco, propósito, determinação, meta, coragem, certeza de vitória e fé foram as armas de Davi contra Golias. E essas são as ferramentas que todos aqueles que desejam alcançar êxito na vida devem apresentar em seu dia a dia.

Talvez o gigante que você tenha que enfrentar hoje não se apresente de forma física, mas tem assustado internamente você todos os dias: talvez, o medo de vencer, dúvidas se irá conseguir passar de ano, incertezas nos negócios, carreira que não consegue engrenar, ministério que não cresce, enfim, desafios que assustam.

Mas é momento de você pôr o foco na meta a ser atingida, de ter a coragem como escudo; de não largar a determinação de enfrentar o que aparecer pela frente, em busca de seus resultados; assumir a certeza de que Deus entregará a vitória em suas mãos, e exercer a fé de que Deus está no controle de todas as coisas, todos esses ingredientes serão necessários para você também derrubar seus gigantes.

Agora, onde Davi encontrou toda essa força para enfrentar com garra o gigante Golias? Falando na linguagem do coaching, penso que todos os dias, quando Davi estava no deserto, pastoreando suas ovelhas, ele aprendeu a aplicar o Self Coaching (Auto Coaching), quando tinha "treinamentos" e sessões particulares de coaching com seu Deus.

O Self Coaching é quando aplicamos as ferramentas utilizadas pelo processo de coaching em nós mesmos, criando uma estratégia de sempre manter focado rumo ao objetivo, e de executar as tarefas até que cheguemos ao objetivo.

3 – Avant-première da origem do coach

Há um episódio relatado em Atos 8:26-40, que demonstra uma situação inusitada para o mundo do coaching. É a história do evangelista Filipe, que foi levado para o deserto pelo Espírito Santo, para encontrar-se com um homem que viajava e lia o livro de Isaías, e que era superintendente dos tesouros pessoais de Candace, a rainha dos etíopes.

Filipe funcionou como um verdadeiro coach, que conduz alguém para um final desejado, inclusive prefigurando a origem do coach, como mencionamos no capítulo que fala da origem do coaching, que somente surgiria no século XV, na cidade de Kocs, na Hungria.

"E eis que um homem etíope, eunuco, mordomo-mor de Candace, rainha dos etíopes, o qual era superintendente de todos os seus tesouros, e tinha ido a Jerusalém para adoração, regressava, e assentado no seu carro, lia o profeta Isaías."

Coaching Ministerial

A primeira pergunta que Filipe fez para o eunuco foi: você compreende o que está lendo? Ao que o viajante respondeu: Como posso saber, se não há quem me explique? Dali em diante, Filipe fazia o papel do coach, guia e mestre.

Quando, enfim, o eunuco compreendeu o que lia, ele imediatamente compreendeu a sua chamada, converteu-se em seu coração a Jesus, e repentinamente faz uma pergunta chave: Eis aqui a água, e estou pronto para prosseguir. O que me impede de ser batizado? Filipe então ensina que é lícito, se ele cresse de todo coração. Diante da afirmativa, então ambos descem do carro, e o eunuco é batizado.

Traduzindo essa história para a linguagem de coaching, eu sempre brinco em minhas palestras, ao associar essa atitude do eunuco, dizendo que essa é a transformação mais rápida do Coaching Bíblico. Um eunuco que no mesmo dia sai de coachee e se transforma em coach, com a habilidade de fazer perguntas poderosas de forma tão acelerada. "Eis aqui água; que impede que eu seja batizado?". No mesmo instante, Filipe executou a tarefa de batizar o eunuco.

E o fato de ter acontecido em uma carruagem, eu associo à origem do coaching, quando surgiu na Hungria, entre as carruagens que levavam alunos para as escolas, e onde sempre havia instrução dos cocheiros, funcionando como verdadeiros coaches.

4 – O coachee que rejeitou a ajuda do coach

Logo após a queda do homem, no jardim do Éden, Deus continuou demonstrando o seu empenho em fazer o papel de coach da humanidade. E Ele oferece pelo menos duas sessões gratuitas para Caim. Na primeira, o Deus Coach faz uma pergunta para o coachee Caim, no intuito de fazer com que ele compreendesse o seu estado emocional.

"Por que estás de semblante caído? Ali, o coach dá uma oportunidade para que Caim conhecesse seu lugar. E faz outra pergunta: "Por acaso, não sabes que a ti cabe dominar o mal que há em seu coração?" Nesta pergunta, o coach questiona se fazia sentido para o coachee o fato de ele dominar o pecado.

Na segunda sessão, o coach faz um Follow Up e cobra relatórios da última sessão, e indaga onde estava o resultado. "Onde está Abel, seu irmão?", que pergunta fantástica! Por acaso, cumpriste com a tarefa anterior? Você conseguiu dominar seu ódio e guardou a vida de seu irmão?

Aqui, infelizmente o coaching não foi levado a sério pelo coachee, por maior empenho que o coach demonstrasse, Caim não aproveitou a ajuda, e preferiu abortar o objetivo de controlar a raiva e assim acabou assassinando o próprio irmão. Isso aponta para o sinal de que não somente o coach precisa de compromisso e dedicação, mas principalmente o coachee, pois entendemos que o processo sempre será do coachee, não do coach.

Imagine estar frente a frente com o coach mais perfeito que podia existir: o próprio Deus, criador de todas as coisas. Como rejeitar a ajuda deste coach? Isso demonstra a capacidade do ser humano de desperdiçar as oportunidades que lhe são dadas. Quantas vezes não desperdiçamos as melhores oportunidades da vida?

Coaching Ministerial

5 – Coaching de profetas

No livro de Jeremias, Deus conduz o profeta Jeremias para uma verdadeira sessão de coaching, com perguntas que atiçam a inteligência do profeta.

No capítulo 1, do livro de mesmo nome do profeta, Deus faz uma pergunta dupla, indagando o que o Jeremias conseguia ver. No verso 11, diz: "Ainda veio a mim a palavra do Senhor, dizendo: Que é que vês, Jeremias? E eu disse: Vejo uma vara de amendoeira". E, no verso 13, também a mesma pergunta: "E veio a mim a palavra do Senhor segunda vez, dizendo: Que é que vês? E eu disse: Vejo uma panela a ferver cuja face está para a banda no norte".

Por duas vezes, neste primeiro capítulo de Jeremias, Deus, o coach, faz essa pergunta, e ela tem um motivo. A pergunta poderosa tinha como objetivo levar o coachee Jeremias a ter certeza de sua visão.

Há momentos na vida em que estamos envolvidos nas situações de tal forma que não conseguimos enxergar com precisão, o que realmente está acontecendo. O processo de coaching tem este propósito, o de nos abrir os olhos para a realidade da vida.

6 – Abraão e a ponte para o futuro

A história de Abraão é um exemplo de como um homem pode crescer no nível de fé. Desde sua chamada no capítulo 12 de Gênesis, quando ainda morava em Ur dos Caldeus, até tornar-se Patriarca de Israel, Abraão mudou até de identidade, recebendo um novo nome dado pelo próprio Deus.

Logo no início de sua chamada, Abrão, como era

chamado, teve que passar pelo teste de deixar toda sua parentela, deixar a cidade onde morava, sair de sua casa e partir para uma terra ainda desconhecida.

Depois, enfrentou o desafio de provar o quanto amava ao seu Deus, quando precisou dedicar seu filho Isaque, a quem tinha recebido por um milagre, pois era idoso de quase 100 anos, e sua mulher Sara, que era estéril, e que agora estava sendo requerido pelo próprio Deus. Sabemos da história, que Abraão não negou e estava pronto para sacrificar seu filho, quando o anjo do Senhor bradou para que ele não fizesse tal sacrifício, pois Deus já havia recebido o seu sacrifício do mais profundo ser.

Em Gênesis 15:5, Deus chama Abraão para fora de sua tenda e ordena que ele olhe para os céus, e assim visualizasse a descendência, que de suas entranhas seria levantada para o Senhor através de sua vida. "Então o levou fora, e disse: Olha agora para os céus, e conta as estrelas, se as podes contar. E disse-lhe: Assim será a tua descendência".

Na prática de coaching, chamamos a essa técnica de Ponte para o Futuro, quando o coachee é convidado a experimentar a sensação de ver antecipadamente o futuro, que será construído pela decisão de acreditar na realidade da fé.

Segundo Stephen Covey: "A visão envolve enxergar um estado futuro com a mente. A visão é a imaginação aplicada. Todas as coisas são criadas duas vezes: primeiro, tem lugar na criação mental; segundo, uma criação física. A primeira criação, a visão, é o início do processo de reinvenção da pessoa ou da organização.

Ela representa desejos, sonhos, esperanças, objetivos e planos. Mas esses sonhos e visões não são apenas fantasias. São uma realidade ainda não trazida à esfera física, como a planta de uma casa, antes desta ser construída, ou uma partitura à espera de ser tocada".

Foi o que Deus ensinou para Abraão, facilitando a compreensão da mente de Abraão, e estabelecendo um compromisso de que Ele cumpriria a promessa feita para o pai da Fé. Hoje sabemos que a promessa se cumpriu e de apenas um filho, Isaque, a descendência de Abraão tornou-se numerosa e espalhada sobre a Terra.

7 – As crenças limitantes de Moisés

No livro de Êxodo, temos a história de como o povo de Israel foi liberto da escravidão do Egito, que já perdurava por mais de 400 anos. Naquele tempo, Deus lembrou-se de seu povo, e resolveu levantar um líder libertador. O homem escolhido foi Moisés, um judeu de nascimento, criado na cultura egípcia, depois de ser encontrado nas margens do rio Nilo, dentro de uma cesta, e acolhido pela filha do Faraó, que resolveu criar o menino, escondendo a verdadeira história de como ele sobreviveu, diante da ameaça de morrer, segundo a ordem de Faraó, que desejava que toda criança recém-nascida, do sexo masculino, fosse eliminada, para evitar que o povo israelita crescesse mais ainda em número de habitantes.

Mas para que Moisés fosse preparado para a Missão foi necessário que, antes de tudo, ele passasse por uma tremendo e poderoso processo de coaching em pleno deserto, com o Grande Eu sou!

Ariel Nobre

Quando Deus escolhe Moisés para libertar o seu povo da escravidão do Egito, o jovem ex-príncipe do Egito agora andava foragido, errante pelo deserto, e tentava esconder-se nas suas próprias dificuldades da boa comunicação. A grande ironia do destino, era que aquele que fora preparado pelas melhores escolas do território egípcio agora sentia o peso da solidão no deserto, e com isso foi possuído de autopiedade, medo, covardia e mórbida timidez.

A sua percepção de desvalorização pessoal é exposta no diálogo que ele tem com seu coach Deus, ao dizer: Quem sou eu, para que vá a Faraó e tire do Egito os filhos de Israel? (Ex. 3:11). E no verso 13, Moisés pergunta a seu coach, como ele deveria apresentá-lo ao povo de Israel, ao que Deus responde: "EU SOU O QUE SOU, e assim dirás aos filhos de Israel. O EU SOU me enviou a vós".

Porém, mais adiante na mesma conversa, Moisés volta a demonstrar seu medo e diz que ninguém vai acreditar que ele foi enviado pelo Senhor. (Ex. 4:1). Na verdade, era ele que não acreditava em si próprio.

No capítulo 4, verso 10, Moisés insiste no automenosprezo, quando admite que não é homem eloquente, que nunca havia sido, e que era pesado de língua.

Deus então lhe direciona uma série de perguntas: "E disse-lhe o Senhor: Quem fez a boca do homem? Ou quem fez o mudo, ou o surdo, ou o que vê, ou o cego? Não sou eu, o Senhor?

Mas numa última tentativa, ele tenta persuadir a Deus escolher seu irmão Arão, pois seria a melhor escolha. É nesse momento que Deus se ira e faz com

Coaching Ministerial

que Moisés enxergue que ele era o criador de todas as coisas, e que colocaria palavras em sua boca, mesmo que Arão fosse um levita que falasse muito bem. Em todo momento, o coach Deus faz perguntas a Moisés no intuito de conscientizá-lo de que a missão seria possível, pois quem estava à frente da jornada era o próprio Deus do Impossível.

E esse Deus queria que Moisés compreendesse que ele era capaz de vencer suas crenças limitantes.

Acreditamos que foi útil naquele momento de nossa vida, para nos proteger ou orientar. Entretanto, quando passamos a usar essas crenças repetidamente, elas se tornam um fator de medo para realizar nossos objetivos, e encontramos as crenças limitantes.

O que serviu um dia, hoje deve ser reprogramado para pensamentos mais adequados ao seu momento atual, à sua idade atual, à sua capacidade atual de se defender e analisar seu mundo.

Somente depois que Moisés reprogramou sua mente para uma mente de ousadia é que ele conseguiu fixar os olhos na sua missão de vida e assim passou a cumprir todos os passos, até que cumpriu seu papel de libertador do povo hebreu.

Além de Moisés, outros homens na Bíblia também apresentaram argumentos de crenças limitantes, todos ao serem chamados para uma grande missão. Elias, Jeremias, Sansão, Saul, Gideão e muitos outros.

*Crenças limitantes – São crenças que, em alguma fase de nossa vida, as recebemos ao sermos ensinados pelas circunstâncias, que tenta nos proteger ou oferecer um limite em alguma situação. São frases que ouvimos quando criança, críticas que recebemos, conselhos protetores, informação generalistas. São experiências negativas que passamos e os escudos que criamos para não repetir aquele momento.

8 – Coaching para MULHERES

A primeira sessão de coaching para mulheres aconteceu junto ao poço de Jacó, em Samaria. No episódio narrado no Evangelho de João, capítulo 4, o coach Jesus encontra-se com a mulher samaritana e desse encontro nasce um excelente diálogo, que se transforma numa poderosa sessão de descobertas de missão e propósito de vida.

O diálogo com o Mestre faz com que aquela mulher encontre sua maior missão de vida. Ali, junto ao coach Jesus, ela compreende que seu maior problema não era a falta de um amor humano, mas a ausência da água da vida. A mulher estava diante de um poço natural, mas aos poucos foi abrindo o entendimento para o fato de que o poço que ela precisava era espiritual. E diante dela estava o poço de água da vida.

Ela se apresentava cheia de dúvidas e questionamentos. E suas perguntas manifestavam o profundo desejo de sua alma por respostas. As afirmações e ensinamentos do mestre a fizeram compreender o segredo da vida. O não julgamento, um dos mais importantes princípios do coaching, ajudou no diálogo entre o coach e a coachee samaritana. Se naquela época, nenhum judeu conversava com os samaritanos, e ainda mais sendo mulher, Jesus quebra o preconceito e demonstra o valor que ele tinha por qualquer ser humano, independente de sexo, raça, cor, cultura ou posição financeira e social.

Capítulo 7

JESUS, O COACH DOS COACHES

Se Jesus estivesse na Terra nos dias de hoje, ele se utilizaria do coaching?
Esta é uma pergunta que sempre me fazem, em minhas palestras de Coaching para Cristãos, e respondo sem pestanejar ou sem qualquer sombra de dúvidas: Sim, Jesus usaria a metodologia do coaching, e incluiria dentro de sua estratégia algumas ferramentas deste magnífico auxílio do comportamento humano, na sua relação de ensino e aprendizado com seus alunos (discípulos).

É certo que há dois mil anos não existia nenhuma das percepções catalogadas hoje do processo de coaching, nem os termos utilizados, como: coach, coachee, estado atual, estado desejado, foco, metas, habilidades,

Coaching Ministerial

potenciais, *stakeholders*, visão sistêmica, Ponto A e Ponto B, PNL, Life Coaching, Business Coaching, Executive Coaching, Coaching Financeiro, etc.

Creio que não existe um coach no mundo que tenha obtido o êxito que Jesus alcançou, principalmente no quesito de extrair o melhor de seus discípulos, homens comuns que foram transformados em verdadeiros líderes e que depois transformariam o mundo. Em apenas três anos, ele conseguiu formar doze coaches, na sua formação ministerial.

Escolhi um trecho do livro Jesus, meu Coach, de Clailon Luiz, para introduzir este capítulo.

Ninguém foi alvo de tantos livros, documentários e filmes quanto Jesus, mas o estudo de Sua vida como um coach ainda é intocável. Pouquíssimo se conheceu sobre como Ele governava Sua vida, liderava Seus pensamentos, escrevia Seu roteiro de vida, formava líderes e brilhava em situações em que só era possível ser escravo da incerteza e da ansiedade.

Estudaremos o homem que viveu as funções mais importantes da inteligência, que sabia pensar antes de reagir; expor e não impor suas ideias; que fez da arte de amar uma fonte de saúde intelectual; que apostou cada minuto da sua vida no ser humano e que em apenas três anos escreveu um roteiro único, sendo fiel ao Seu propósito de vida sem desviar um centímetro, apesar das pressões e situações adversas de Sua breve existência.

Vamos aprender como viver os princípios da qualidade de vida que Jesus transmitiu a seus discípulos, que eram bárbaros, apreensivos, impacientes, e se tornaram a classe mais excelente de coaches que podemos conhecer.

Numa época em que cada vez mais somos apenas um número na sociedade, estudar a personalidade de Jesus Cristo como um coach pode transformar nossas vidas. O Mestre dos mestres não foi apenas o maior coach que já existiu, mas também o maior pedagogo, psicoterapeuta, socioterapeuta, empreendedor, professor, pastor, líder e motivador de pessoas da História.

Jesus e as perguntas poderosas

Mas por que tenho tanta certeza de que Jesus usaria o coaching? Porque em seu método didático, Jesus usava rotineiramente, entre outras, a principal ferramenta do coaching no seu dia a dia, que são as perguntas poderosas.

Certa vez, ele perguntou para um cego de nascença: O que você quer que eu te faça? Uma pergunta óbvia, mas que precisa ser feita para provocar uma atitude de reflexão naquele que a ouve. Outra vez fez esse mesmo tipo de pergunta a um paralítico: Queres ser curado?

Quando os fariseus queriam pegar o Mestre, em alguma palavra contraditória, eles faziam algumas perguntas capciosas, mas com a percepção de um bom coach, ele então respondia com outra pergunta. Em um destes momentos, os fariseus perguntaram:

"Com que autoridade fazes estas coisas? Quem te deu tal autoridade?" Jesus respondeu-lhes: "Também eu vos farei uma pergunta. Se vós me responderdes, também eu vos direi com que autoridade faço estas coisas. Donde vinha o batismo de João? Do céu ou dos homens?". Com esta pergunta, os fariseus ficaram com medo de responder, e preferiram dizer que não sabiam a resposta.

Os princípios do coaching também estavam presentes nos relacionamentos de Jesus com seus doze e com os demais discípulos. Em Marcos 8:27-29, Jesus abordou os discípulos com duas perguntas: A primeira foi "Quem dizem os homens que sou eu?". A segunda foi "Mas vós, quem dizeis que eu sou?".

Estas duas perguntas tinham o objetivo de fazer os discípulos entenderem que há duas maneiras de se conhecer a Deus. O primeiro modo é conhecer pelo que os outros dizem dele. O segundo modo é conhecer por nossa própria experiência, e para isso é necessário esforço e vontade.

A percepção que Jesus tinha da vida era tremendamente fantástica. Ele tinha o seu foco principal de seus objetivos em mente – dar um novo rumo para a humanidade através de seu sacrifício na cruz –, e por isso não sucumbiu diante das imensas dificuldades que enfrentou.

Ele foi até o fim, ao dizer na cruz: Está consumado!, Estas foram suas palavras finais, antes de ele entregar seu espírito na hora da morte (João 19:30).

A inteligência emocional de Jesus

A inteligência emocional de Jesus era vivenciada num nível tão alto, algo quase impossível de acreditar, no entanto, se não fosse o equilíbrio de suas emoções e o tamanho de seu amor para com seus amigos, e também inimigos, todos estávamos perdidos, pois ele não teria ido até o fim de sua missão.

O perdão era algo tão intenso na vida de Jesus que foi um dos temas abordados na oração do Pai Nosso, em Mateus 6, quando ele ensinou seus discípulos a orarem.

E como verdade prática, Jesus foi capaz de perdoar até mesmo aquele que o traiu, que o negou, aqueles que lhe cuspiam e batiam em sua face, dentre eles os soldados, e também perdoou todos os que o abandonaram na hora que mais precisou de seus amigos.

– Pai, perdoa-lhes porque eles não sabem o que fazem! (Lc. 23:31), foram suas palavras durante o sacrifício.

A missão e a visão de Jesus

Jesus tinha a missão de pregar as Boas Novas, trazer alegria, dar esperança, levantar o caído. Mas a missão principal de Jesus era restaurar a humanidade perdida. E durante 33 anos de sua vida, ele se preparou para isso. Cresceu entre os costumes judeus, obedeceu aos pais, estudava a torá (livro das leis de Moisés) e a conhecia profundamente a ponto de ensinar aos doze anos nas sinagogas, levantando grande admiração em todos que tinham a oportunidade de ouvi-lo.

Em toda a sua vida, Jesus resignou-se a fazer a vontade do Pai, como chamava a Deus, em seu relacionamento íntimo e próximo em suas jornadas. Todos os seus passos estavam sendo dados conforme esse chamado, que teve momentos de alegria, paz e grandes milagres, mas também de muitos momentos de perigo, de ameaças, de dor e tristeza.

Os valores de Jesus

a) ZELO – Um de seus principais valores era o zelo pela casa de Deus, a tamanha vontade de fazer a vontade do Pai, a obediência de sofrer até a morte e o perdão disponível para seus opressores.

Coaching Ministerial

"A minha vontade é fazer a vontade daquele que me enviou." (João 4:24).

b) LIBERDADE – Jesus não obrigava ninguém a segui-lo, mas fazia convites e dava liberdade para que as pessoas escolhessem segui-lo por livre e espontânea vontade. Assim é um verdadeiro coach. O processo de coaching só irá surtir efeito quando houver uma decisão pessoal daquele que se submete ao processo, na qual irá descobrir inicialmente onde se encontra (estado atual) e onde quer chegar (estado desejado).

c) HUMILDADE – Outro valor inestimável para Jesus era a sua humildade. A sua vida na Terra foi pautada no sentimento de humildade. A começar pela tamanha Graça, quando ele deixa de reivindicar o fato de ser o próprio Filho de Deus, para se tornar a figura de homem, e humilhar-se como servo obediente até a morte no Calvário. Jesus, que é o Rei dos Reis e Senhor dos Senhores, nasceu em uma manjedoura, andou em cima de um jumento, comia com os pecadores, conversava com mulheres (na época era algo incomum), ia a festas sociais com os discípulos, tornou-se servo no mundo e sempre demonstrou compaixão, amor, graça e perdão. E como fruto de sua humildade, galgou a mais excelente honra, vinda de seu próprio Pai, que lhe deu um nome que está acima de todo nome, que há no céu e na terra, e importa que ao nome de Jesus, todo joelho se dobre e toda língua confesse, que Ele é o Senhor!

d) VERDADE – Uma das coisas que Jesus mais primava era a verdade. Em tudo ele era verdadeiro, e repreendia seus discípulos, e sempre deixou claro quem era o pai da mentira: o diabo. A verdade estava tão intrínseca em seu coração que não havia nenhum espaço para a mentira. Sempre foi assertivo e verdadeiro com seus discípulos.

e) OBEDIÊNCIA – O exemplo de Jesus ao submeter-se à cruz, determinada por Seu Pai, é uma das maiores virtudes que podemos encontrar no Filho de Deus. O apóstolo Paulo fala sobre sua obediência nas cartas aos Filipenses, capítulo 2, descrevendo que Jesus não teve por usurpação ser igual a Deus, antes humilhou-se a si mesmo, tomando a forma de homem, e sendo obediente até a morte, e morte de cruz. A obediência fez com que Jesus fosse resignado e resiliente até cumprir a sua missão.

f) AMOR – O maior de todos os valores de Jesus não poderia ser outro. O amor que tinha pela humanidade. Por seu Amor, ele foi capaz de entregar-se para morrer numa cruz, o pior tipo de morte que um ser humano poderia suportar na época. Com esse amor é que ele nos convida a amarmos o próximo.

A estratégia do Messias
Jesus conhecia a Lei de Moisés, que foi escrita pelo próprio dedo de Deus, e que, portanto, deveria ser fielmente cumprida em todas as suas nuances. E de acordo com essas leis, o pecado da humanidade necessitava ser extinto através da morte de um sacrifício.

Coaching Ministerial

O problema era que os sacrifícios de animais, na época de Moisés, já não mais tinham efeito, dado a multiplicação do pecado do homem em toda a Terra. Era necessário então alguém inocente se oferecer pelos pecados, mas entre os homens não se achava ninguém puro, pois todos haviam sido contaminados com o mesmo pecado de Adão. Até que ele veio, se fez homem, habitou entre nós e agora necessitava ser levantado na cruz.

Se não fosse essa estratégia, a criação de Deus estava perdida, uma vez que nada mais venceria a morte, que é o salário do pecado. Jesus sabia exatamente o que o esperava, e trilhou o seu caminho para cumprir este plano elaborado nos céus para salvar toda a humanidade. Ele mencionou isso em João 13, quando revelou aos seus discípulos que era necessário ele passar pela morte:

"Se o grão de trigo não morrer, ele fica só, mas se morrer, esse dá muito fruto". O grão de trigo se referia a sua própria pessoa.

As ferramentas utilizadas pelo coach Jesus

Uma das principais maneiras de Jesus falar com seus seguidores era por meio de parábolas, histórias simples e contextualizadas com seu cotidiano, para levar clareza em seu discurso para todas as camadas sociais.

Além das parábolas, a experiência em cada situação era a preferida do coach. Ele conduzia constantemente os discípulos escolhidos para vivenciarem milagres, evangelizarem nas casas, pregarem nas sinagogas, a viverem oferecendo aos outros o que eles tinham recebido dele: amor, compaixão, misericórdia, perdão e palavra de esperança.

Os treinamentos eram os mais variados possíveis.

Os doze discípulos foram levados a experimentarem o poder de curar enfermos, expulsar demônios, a serem bem recebidos nas casas, ou até mesmo serem rejeitados; enfrentaram perigos no mar, e a calmaria das águas, foram levados a pescar em lugares que não tinha peixes, a alimentarem multidões com somente cinco pães e dois peixinhos. Tudo isso visava fortalecer a fé de seus discípulos, preparando-os para tempos mais difíceis.

Jesus extrai o melhor de seus coachees

Uma das principais habilidades de Jesus era extrair o melhor de seus doze discípulos, para que eles fossem o melhor que cada um poderia ser e assim fossem transformados em luz para o mundo, com as suas boas obras: Vós sois a luz do mundo (Mateus 5).

Aqueles homens foram treinados e depois seriam utilizados em missões maiores que o próprio mestre. Quando ele ressuscitou e depois ascendeu aos céus, os onze discípulos que restaram (apenas um se perdeu) esperaram o momento de serem capacitados em outro nível (Atos 2), e então puderam cumprir a tarefa deixada pelo Mestre.

O melhor de cada um deles foi colocado para fora. E eles foram transformados em grandes homens de fé, admirados e lembrados onde o Evangelho do Reino está sendo pregado no mundo.

De medrosos, covardes, amargurados, vulneráveis, homens de fé duvidosa, foram transformados em homens ousados, determinados, corajosos, e firmes em seu caráter. Foram capazes até de morrer por uma causa. Muitos se tornaram mártires e outros presos, por causa do Evangelho de seu mestre e coach Jesus.

Capítulo 8

A META INTELIGENTE DE JESUS

Todos nós que trabalhamos com o coaching utilizamos uma ferramenta poderosíssima para o alcance de metas, conhecida como Metas SMART, que literalmente do inglês para o português significa "esperto" ou "inteligente".

Acrônimo SMART – Significado
As iniciais de cada item deste acrônimo formam a palavra SMART, tendo como principais pontos a clareza das metas, a proximidade do objetivo, a mensuração dos desafios, o cuidado e a importância de atingir as metas e a relevância dessa meta, que deverá cumprir-se em um tempo determinado.

A origem da Meta SMART

Um dos mais conhecidos acrônimos, muito utilizado em gerenciamento de projetos, é o SMART (que também significa "esperto" em inglês). A sigla SMART é composta pelas palavras *specific, measurable, atainable, relevant* e *time-bound* (poderíamos traduzir de forma livre como "específico", "mensurável", "atingível", "relevante" e "temporal").

A ferramenta SMART é atribuída ao guru dos negócios Peter Drucker, também conhecido como Pai da administração moderna, mas não há registros precisos disso. As metas SMART se tornaram populares nos anos 1980, por causa de um famoso livro de negócios que as mencionava, mas o livro também não dá mais detalhes sobre suas origens.

Mas deixando questões históricas de lado, as metas SMART é uma das mais úteis e eficientes ferramentas de gestão de projetos e também para gerenciar objetivos em geral. Como ter objetivos é algo muito importante na administração das finanças pessoais, as metas SMART podem ser grandes aliadas no cumprimento desses objetivos.

A Meta SMART de Jesus

ESPECÍFICO – Em primeiro lugar, o objetivo específico de Jesus era salvar a humanidade, através da morte na cruz, para devolver-nos a comunhão com Deus. Esse era o ministério específico de Jesus. Não tem outro sentido a vinda dele para a Terra, para sofrer o que sofreu, passar pelo calvário, se não fosse o resgate da humanidade. "... pois não vim para condenar o mundo, mas para salvá-lo." (João 12:47)

MENSURÁVEL – O que seria necessário para Jesus cumprir o seu objetivo? Primeiramente, levantar 12 homens, trabalhar durante 42 meses (três anos e meio) com eles, para torná-los pescadores de homens, e morrer com 33 anos, numa cruz, ao lado de dois ladrões. Essa era a meta, que seria cumprida passo a passo, e finalmente foi concluída na Paixão de Cristo.

ALCANÇÁVEL – A meta de Jesus aos olhos humanos parecia loucura, pois quem poderia realizá-la? Só mesmo ele! Qual era o plano? Morrer para resgatar os perdidos. Todas as metas devem ser metas reais, e realizáveis. O que acontece é que muitos estabelecem metas que, na verdade, são impossíveis de realizar, frustrando os corações, depois de várias tentativas sem êxito. Devemos constantemente avaliar nossas metas e ver se estamos estabelecendo-as de modo que possamos alcançar.

Jesus, no entanto, preenchia todos os pré-requisitos para executar a tarefa. Era inocente, era santo, não havia pecado nele, e era o Filho de Deus. "Em verdade, em verdade vos digo: Se o grão de trigo caindo na terra não morrer, fica ele só; mas se morrer, dá muito fruto." (João 12:24)

RELEVANTE – Todas as metas devem ser importantes para aquele que deseja executá-la. É extremamente necessário entender a relevância dos objetivos. Por que eu quero alcançar esse resultado? Qual a importância disso para mim? Para Jesus, morrer na cruz significava salvar a coroa da criação de Deus da morte eterna e do inferno. Era importante, porque o Seu Pai Celestial desejava salvar o perdido, e o maior objetivo dele era fazer a vontade do Pai. "Isto é bom e agra-

Coaching Ministerial

dável diante de Deus, nosso Salvador, o qual deseja que todas as pessoas sejam salvas e cheguem ao pleno conhecimento da verdade." (1 Timóteo 2:4)

TEMPORAL – Há um conceito que diz: "Meta é o sonho que tem data para acontecer". Eu gosto deste conceito, pois nos orienta para o fato de que necessitamos definir uma data na qual desejamos cumprir as metas. Jesus tinha em mente as suas metas, e ele mesmo declarou aos seus discípulos que em três dias reconstruiria o verdadeiro templo para Deus, não feito por mãos de homens, mas pelo próprio Deus.

"Que sinal de autoridade nos mostras, para agires dessa maneira? Jesus lhes respondeu: Destruirei este templo, e, em três dias, Eu o reconstruirei." (João 2:18-19)

Jesus estava falando a respeito de sua morte e ressurreição, que aconteceria em três dias, conforme havia sido profetizado pelos profetas. E também apontava para a igreja, o Corpo de Cristo, que é o Templo do Espírito Santo.

Esta era a meta de Jesus: morrer na cruz para salvar a humanidade, porque era desejo de Deus salvar todos os homens. Para isso, seria necessário levantar doze apóstolos, que se tornariam as testemunhas de suas obras, e tudo isso seria feito em três dias.

EXERCÍCIO – Estabelecer uma META SMART para um de seus objetivos ministeriais.

Texto: "Pois qual de vós, querendo edificar uma torre, não se assenta primeiro a fazer as contas dos gastos, para ver se tem com que a acabar? Para que não aconteça que, depois de haver posto os alicerces, e não a podendo acabar, todos os que a virem comecem a escarnecer dele." (Lucas 14:28-29)

Capítulo 9

COACHING MINISTERIAL

O Coaching Ministerial visa promover equilíbrio na vida do cristão, atingindo todas as esferas de sua vida: espiritual, social, ministerial, profissional e pessoal. E se utilizará da metodologia, técnicas e ferramentas do coaching, fazendo com que cada participante venha descobrir a vocação ministerial, desenvolver habilidades e talentos em seu ministério, e facilitar a entrada pelos caminhos do aprendizado.

E através do Coaching Ministerial implantaremos o programa "A IGREJA QUE APRENDE", onde aplicaremos o método das cinco Disciplinas Ministeriais, com base na "Quinta disciplina", de Peter Senge.

BASE BÍBLICA – Efésios. 4:11-13 e Filipenses 3:13-14
A base dos princípios bíblicos para o Coaching

Coaching Ministerial

Ministerial está em Efésios 4:11-13, que diz: "... com o fim de preparar os santos para a obra do ministério, para que o corpo de Cristo seja edificado, até que todos alcancemos a unidade da fé e do conhecimento do Filho de Deus, e cheguemos à maturidade, atingindo a medida da plenitude de Cristo".

As palavras chaves do Coaching Ministerial então se apresentam no texto acima: preparo, obra do ministério, edificação do corpo de Cristo, aperfeiçoamento, unidade de fé e de conhecimento, maturidade e plenitude de Cristo.

Exercer o ministério está além de ocupar um cargo eclesiástico, como pastor, diácono, apóstolo, presbítero, tesoureiro, zelador, levita músico etc. Todos temos um ministério para exercer em nossa vida espiritual, a fim de colaborarmos com a edificação da igreja, contribuindo para que nossos irmãos em Cristo venham atingir a maturidade de Cristo.

E atingir essa maturidade é principalmente compreender o principal objetivo do ministério da igreja e colocá-lo em prática, que é servir toda a sociedade, independentemente de credo religioso, de cor, raça, sexo, posição social e classe financeira.

Outro texto base para o Coaching Ministerial é Filipenses 3:13-14

"Irmãos, quanto a mim, não julgo que o haja alcançado; mas uma coisa faço, e é que, esquecendo-me das coisas que atrás ficam, e avançando para as que estão diante de mim, prossigo para o alvo, pelo prêmio da soberana vocação de Deus em Cristo Jesus".

Ariel Nobre

Paulo tinha consciência de que deveria perseguir a meta da perfeição em Cristo. Esquecer o passado, viver o presente e avançar para o futuro eram habilidades presentes na consciência do Apóstolo dos gentios. E nos ensinou a não desistir do prêmio, que é dado a todo aquele que persevera até o fim.

Os princípios do Coaching Ministerial

Ajustar – O apóstolo Paulo refere-se à integração dos cinco ministérios, como parte da estratégia para deixar o Corpo de Cristo bem ajustado e ligado (unido) pelo auxílio de todas as juntas (integração). Isto é, através da integração e unidade dos membros das equipes da igreja através do amor de Cristo. (Ef. 4:16)

Dominar – O crescimento pessoal é fundamental para que não sejamos mais meninos inconstantes, levados por doutrinas que destroem a vida particular, a família, o ministério e os negócios. Ter domínio pessoal é saber o caminho do crescimento e melhoria contínua. (Ef. 4:14)

Modelar – Tudo que devemos fazer na vida deve ser com dedicação exemplar, sempre disposto a deixar discípulos de nossos feitos. Devemos ser modelos e exemplo para discipular com excelência , assim como Cristo nos deixou um modelo de vida, até que cheguemos à estatura completa de Cristo. (Ef. 4:13)

Compartilhar – O compartilhamento de uma visão é uma das máximas do Coaching Ministerial. Compartilhar a Visão das Boas Novas de Cristo, em que todas as nações e povos são beneficiados pelo amor demonstrado no sacrifício da Cruz, é um dos nobres objetivos do Evangelho. Essas Boas Novas nos

Coaching Ministerial

aproximam, nos une e nos faz iguais, segundo a justa operação de cada parte. (Ef. 4:16)

Objetivos do Coaching Ministerial

O Coaching Ministerial abrange todos os aspectos de sua vida, ensinando você a afinar o instrumento. E como afinar o instrumento? Tendo satisfação plena em todos os aspectos de sua vida. Físico, emocional, mental e espiritual.

O Coaching Ministerial te ajudará a manter o foco em seu Ministério, desenvolverá a sua liderança, e te proporcionará metodologias que o ajudarão a aplicar a sua potencialidade no crescimento do Reino de Deus, utilizando as ferramentas do coaching como aliadas para o seu crescimento pessoal, profissional e ministerial.

O Coaching Ministerial se propõe a ajudar você a ensinar a utilizar os princípios do coaching em sua liderança, tornando-se um líder mais eficaz, assertivo, efetivo e alto nível de produtividade, alcançando a alta performance desejada.

Ou seja, ser um Coach Ministerial é aprender a ministrar a Glória do Reino de Deus, através de uma liderança pautada na essência do amor voltado em três direções: a Deus, a si próprio e ao próximo, através de suas ramificações: a bondade, a fé, a esperança, a mansidão, o autocontrole, a produtividade, o respeito e a honra.

O Coaching Ministerial é um estímulo para a perfeição. O alvo de todo cristão deve ser o de perseguir esta meta: a estatura de varão perfeito, nada menos que isso.

"Até que todos cheguemos à unidade da fé, e ao conhecimento do Filho de Deus, a homem perfeito, à medida da estatura completa de Cristo." (Ef. 4:13)

Entre os objetivos do Coaching Ministerial temos:

1. Desenvolver o equilíbrio do Cristão em todas as esferas de sua vida: pessoal, social, familiar, profissional e ministerial;

2. Desenvolver habilidades no discípulo para liderar pessoas, equipes e organizações, despertando a motivação dentro e fora do meio cristão, melhorando o comprometimento e o desempenho nas atividades da equipe;

3. Ensinar o cristão na aprendizagem e estabelecimento do planejamento para atingir metas e objetivos;

4. Melhorar o foco, o planejamento e a administração do tempo;

5. Auxiliar o cristão na construção da clareza de propósito de sua vida, missão, visão e valores;

6. Ensinar o cristão discípulo a entender como pode impactar positivamente seu ambiente;

7. Transformar seu ambiente, impactar a vida de pessoas e ser um agente de mudanças, dentro e fora do contexto cristão;

8. Fortalecer a sua identidade e ter clareza dos seus objetivos;

9. Ter mais aproximação com a Palavra de Deus;

10. Ajudar o cristão a superar seus medos, e suas crenças limitantes.

Coaching Ministerial

Os fundamentos do Coaching Ministerial

Os sete fundamentos do Coaching Ministerial consolidam-se no propósito de servirmos a Cristo, e na Fé baseada em sua visão ministerial, em seu foco, sua missão, suas metas e objetivos, e tudo o que ensinou aos seus discípulos durante o tempo em que viveu sobre a face da Terra.

Compreender estes fundamentos alicerça em nós a convicção de nosso chamado, e nos impulsionam para acreditar no potencial que temos, além de apontar o norte para a caminhada de nossa jornada. Vamos aos fundamentos:

Nº	Fundamento descrição	Texto bíblico	
1	IDENTIDADE	Somos Filhos de Deus, criados à sua Imagem e Semelhança, e regenerados por Cristo, segundo seu caráter.	Gn. 1:26-28; João 1:12
2	CAPACIDADE	Podemos todas as coisas através da força e poder de Jesus.	Filipenses 3:13
3	META	Somos chamados a atingir a meta da Perfeição	Efésios 3:11-13
4	VISÃO	Fazer a diferença e verdadeiramente ser a Luz do Mundo e o Sal da Terra.	Mateus 5:13-14

5	MODELO	Fazer as mesmas obras e até maiores que as do Mestre Jesus.	João 15:12
6	MISSÃO	Fazer discípulos de todas nas Nações	Mateus 28:18
7	PROPÓSITO	Ser um agente de Transformação, não se conformando com os padrões deste mundo, e pensar diferente.	Romanos 12:2

Os 4 pilares do Coaching Ministerial
1) Crescimento

Todo crescimento que almejamos para nossa vida começa exatamente nesta primeira lei. A primeira ordem impressa no coração da humanidade está descrita em Genesis 1:28. Crescer é continuar evoluindo, e nunca ficar paralisado. Em toda Bíblia vemos Deus incentivando o Seu povo a crescer.

O crescimento é possível porque Deus colocou em nós uma semente chamada Reprodução. É através dessa semente que temos a possibilidade de ir além das aparências e fragilidade. Todo ser humano tem a capacidade de reproduzir-se. Tem o poder para seu Território.

Exemplo bíblico – O profeta Isaías descreve o que Deus determinou para os seus filhos, convidando-o para o crescimento. Era hora de ampliar as tendas, alargar, estender as cortinas, firmar bem as estacas, e jamais impedir o CRESCIMENTO (Isaías 54).

Coaching Ministerial

2) Frutificação

A LEI da Frutificação garante os nossos resultados. Os frutos representam as nossas obras. Em Mateus 5, ele já havia sinalizado aos seus discípulos que somos Luz do Mundo e Sal da Terra, para demonstrar boas obras (são todas as obras de nossas mãos). Não se trata de apenas obras na igreja, mas em todas as nossas ações.

As boas obras são ações de bondade, de fé, de controle emocional, de nutrir bons pensamentos, de perseverança nos momentos difíceis, de mansidão, de honestidade, de ética e respeito. Mas também aqui podemos incluir os bons projetos, que beneficiam não somente a pessoa criadora do projeto, mas todos aqueles que de forma direta e indireta irão usufruir dos valores benéficos de tais obras.

Exemplo bíblico – No Evangelho de João, Jesus diz que fomos escolhidos para darmos frutos, e estes frutos deveriam ser frutos que permanecessem. Quando lemos cuidadosamente este texto, percebemos que os frutos são as boas obras, estendidas através do amor. "Amai-vos uns aos outros, assim como eu vos amei", dizia Jesus, e alertava também para o fato de que se os discípulos não reproduzissem o fruto do amor, então seriam cortados da videira. (João 15).

3) Multiplicação

Para que venhamos multiplicar é necessário compreender uma semente chamada Potencial. A semente da potencialidade multiplica o poder de uma pequena semente. Na verdade, aparentemente, aquela semente é inexpressiva, sem poder algum, até mesmo sendo desprezada por muitos. Mas quem conhece o potencial de uma semente sabe que ela é capaz de transformar-se não apenas numa árvore que dá frutos, mas em uma floresta.

Todos temos potencial para ampliar o poder de multiplicação, o que implica na verdade não representarmos somente a nós mesmos, mas cada um de nós temos o poder para sermos multiplicados em uma grande NAÇÃO.

Tudo o que o homem plantar ele ceifará. E essa colheita sempre se dará de forma multiplicada. Seja para o bem ou para o mal, há um poder multiplicador de nossas semeaduras. Nunca colhemos o resultado isolado de uma ação, sempre recebemos o retorno do que plantamos, de forma potencializada. É só lembrarmos o resultado final das sementes que foram lançadas na Parábola do Semeador, que produziram a 30, 60 e 100 vezes mais.

Exemplo bíblico – Abraão é chamado por Deus a sair de sua tenda e olhar as estrelas, e ter o entendimento de que ele poderia tornar-se multiplicador, com descendência incontável como eram as estrelas. (Gênesis 17)

4) Domínio

E a quarta lei do Reino de Deus é o Domínio. Ele colocou em nós a capacidade para dominar as ações, mesmo em meio às dificuldades. Dominar é aprender a vencer as crenças limitantes, que nos impedem o crescimento.

Se tivéssemos que denominar a semente do do-

Coaching Ministerial

mínio, eu escolheria chamá-la de Superação. Quando nos encontramos acuados, por alguma situação, por algum problema, que nos tentam seduzir a entregar os pontos, devemos lembrar que há o poder de superação que nos fará avançar os limites. Temos muito mais a oferecer. Devemos dominar sobre as situações. Vença seus medos. Supere seus limites. Derrube os gigantes. Ouse ir além.

Exemplo bíblico – A batalha entre Davi e Golias retrata bem o que estamos falando neste ponto de Domínio. Depois de 40 dias afrontando o exército de Israel, os soldados israelitas estavam escondidos e presos aos seus medos. Então surge Davi, que foi treinado no deserto, e que aprendeu a dominar os sentimentos negativos e a vencer os seus medos. Ele então desafia o opressor de quase três metros de altura, e consegue livrar o seu povo das garras opressoras das crenças limitantes ao derrubar o gigante que estava à sua frente. (1 Samuel 24)

Líder Coach Ministerial

O líder corporativo se caracteriza por ser o gestor que sabe associar suas metas pessoais com os objetivos individuais de cada integrante que forma sua equipe, potencializando pessoas e resultados.

Agora, quais as habilidades necessárias para que um líder se transforme em um líder capaz de influenciar e motivar pessoas de seu ministério, de equipes de gestores, dos grupos de trabalho?

Alguns requisitos são importantes no exercício da liderança coach, para que tenhamos êxito no propósito do

Coaching Ministerial, que tem como uma de suas metas o de levantar líderes com a mentalidade da Liderança Coach. As principais características desta mentalidade são:

a) Sempre ir além – Nunca se contente com o que é esperado de você, trabalhe sempre para superar suas expectativas, faça mais e vá além de seus limites. Jesus disse que seus discípulos fariam obras maiores. Aceite o desafio e ouse ir além.

b) Responsabilidade exemplar – Contagie as pessoas com o exemplo, levando todos a aderirem comportamentos mais produtivos no ambiente de trabalho. Jesus respondeu certa vez a João Batista, dizendo que lhe era necessário passar pelo batismo para dar exemplo.

c) Unidade com a equipe – Trabalhe junto, em vez de ficar apenas delegando funções. Estar de igual para igual com a equipe gera mais empatia com os colaboradores e dá o exemplo. Na oração de João 17, o Senhor Jesus diz a Deus que ele se fez um com os seus 12, e que agora pedia que o Pai fosse um com ele novamente.

d) Ter iniciativa – Procure sempre se antecipar ao problema. Se existe algo para ser feito, então faça antecipadamente e de maneira correta. Quando a multidão estava no deserto com fome, Jesus pediu aos doze que eles dessem de comer, mesmo que só tivessem cinco pães e dois peixinhos. A iniciativa era que eles mesmos dessem de comer para a multidão.

Coaching Ministerial

e) Ter uma visão ampla – Estude todos os processos em que o ministério local esteja envolvido. A partir desse conhecimento e de sua experiência no grupo, procure ter uma visão abrangente para prever desdobramentos de situações críticas, a fim de se preparar para as ruins e aproveitar as boas. A visão do todo nos dá capacidade para resolver problemas difíceis.

f) Valorizar e cuidar de seus discípulos – Um líder cuida de seus liderados e atribui as conquistas a eles, não somente castiga as ações erradas. O discípulo que se sente útil dentro do discipulado é mais motivado para o ministério. Isso vale para sua equipe ministerial e também para sua família.

g) Comunicar-se de modo eficiente – Este é um atributo essencial ao bom desempenho de um líder. É indispensável que ele comunique as expectativas claramente para evitar equívocos e falhas no caminho. É muito importante, também, que se mantenha um canal de comunicação clara, aberta e acessível aos liderados. Comunicar bem não é somente saber falar, mas principalmente saber ouvir.

Capítulo 10

ENTENDENDO O MÉTODO PESCADOR

Quando Jesus começa seu ministério, ele convida aqueles que se tornariam seus discípulos a fazerem parte de seu projeto, e logo no início revela um dos principais objetivos de sua missão: levantar líderes que conquistassem a alma e o coração das pessoas. "E disse-lhes: Vinde após mim, e eu vos farei pescadores de homens". (Mateus 4:19).

A metáfora utilizada por Jesus vai de encontro ao conhecimento que seus primeiros discípulos tinham, pois eram pescadores de ofício. E a revelação de que agora eles se tornariam "pescadores" de homens foi poderosa, a ponto de eles largarem imediatamente o que estavam fazendo para aceitar aquele convite.

O Método Pescador é uma estratégia que alia a performance ministerial com as técnicas e ferramen-

Coaching Ministerial

tas do coaching, e que tem a finalidade de nos aproximar ao máximo do entendimento do que seja "pescar" a alma dos homens. Quero propor que "pescar" aqui significa "conseguir conquistar o coração" das pessoas com quem temos a oportunidade de nos relacionarmos, e assim permitir que elas absorvam o máximo de nossa essência, com o melhor que podemos oferecer, através de uma vida pautada nos ensinamentos de Cristo Jesus.

Através do Método Pescador, vamos aprender a olhar a liderança de Jesus sob uma nova perspectiva, compreendendo como o Mestre conquistava o coração dos pobres, necessitados, pecadores, além de publicanos, doutores, homens ricos e até mesmo algumas das principais autoridades da época.

Chamo de Método Pescador o tipo de metodologia que o Líder Coach irá aplicar através do Coaching Ministerial na formação da liderança cristã nas igrejas, que visa ensinar os líderes a terem a consciência dos princípios do ide de Jesus, que tinha uma tremenda estratégia de extrair o melhor que há nos seus liderados.

O Método Pescador nos convida a seguir oito habilidades da liderança que foram ensinadas por Jesus no discurso e na prática. Vamos a essas habilidades:

1 – Percepção do Valor Humano

O primeiro aspecto importante do Método Pescador é entender que Jesus sempre trabalhou demonstrando que tinha a percepção da valorização do ser humano. O próprio fato de se tornar gente, como um de nós, já demonstrou essa valorização. Jesus conhecia os medos, as dores, as tristezas, as alegrias, as vitórias, os fracassos e as tentações de seus discípulos. Por isso, ele era capaz de aproximar-se deles.

Jesus tinha por característica perceber as pessoas ao seu redor. Uma das necessidades básicas que todo ser humano tem é ser percebido. É ter alguém que enxergue suas qualidades, mais do que seus defeitos. Jesus se aproximava dos pecadores porque via em cada pessoa qualidades extraordinárias. Perceber o valor do próximo é uma das principais necessidades que nós temos para poder atrair as pessoas.

Não há pior coisa para uma equipe, quando os liderados percebem que não são valorizados por sua chefia ou liderança. O líder precisa demonstrar que entende o valor de ser gente. Antes de qualquer número, de estatísticas, de lucros, de resultados técnicos, uma equipe é formada por pessoas, que precisam ser respeitadas e valorizadas.

Em Marcos 3:14, a Bíblia relata o momento em que Jesus chama os seus discípulos para formar a sua equipe de 12. Em primeiro lugar, ele chamou-os e convidou-os a "estarem" com Ele, e somente depois evangelizar os perdidos de Israel. Isso é muito importante para a compreensão do chamado para sermos "Pescadores de Homens".

Existe uma prioridade dos céus, existe uma prioridade divina, que é a de valorizar estar perto da humanidade.

Jesus olhava nos olhos, ouvia verdadeiramente o coração de quem estava próximo, percebia os sentimentos, fazia questão de deixar as pessoas confortáveis ao seu lado. Ele não as julgava pelos seus erros, pelo contrário, ajudava-as a se levantarem, a erguerem suas cabeças e dava a elas uma nova chance de viver. Ele compreendia que os homens precisavam de esperança, de alguém que os escutasse, de alguém que acreditasse neles.

Mesmo quando os discípulos de Jesus demonstravam fraqueza, e temos muitos exemplos na Bíblia dessas fraquezas, ele não deixava de amá-los. Um grande exemplo disso foi quando Ele se encontrou com Pedro, depois de ele tê-lo negado por três vezes durante a crucificação, e demonstrou que a importância maior era saber se Pedro o amava. E quando Pedro confirmou esse amor, Jesus logo em seguida solicitou que ele apascentasse suas ovelhas. Em outras palavras, era como se estivesse dizendo para Pedro: Se você me ama, então deve se importar com seus irmãos. Apascente-os, valorize-os, perdoe-os, não deixe de perceber o valor que eles possuem, e ensine-os a valorizarem a si próprios.

2 – Empatia – Sentindo a dor do outro

A segunda habilidade que Jesus desenvolveu em seus relacionamentos, e que vamos trabalhar no Método Pescador, é a empatia. A empatia é originada da fusão de duas palavras gregas, *in* (para dentro) e *pathos* (sentimento), ou seja, empatia é a capacidade psicológica de tentar compreender sentimentos e emoções das outras pessoas.

Nos dias de hoje, tornou-se vital essa ferramenta de conectividade através da comunicação interpessoal, num mundo em que, apesar do grande avanço de tecnologia, as pessoas estão perdendo a proximidade. Se por um lado temos acesso a todo tipo de conteúdo, por outro, o excesso de canais de comunicação disponíveis nos afastam delas. Com isso, as relações humanas de qualidade, baseadas no olhar, no ouvir e em compreender o outro, estão cada vez mais raras.

E segundo Stephen R. Covey, escritor conhecido pelo best-seller *Os sete hábitos das pessoas altamente eficazes*, "a empatia é a forma mais rápida de comunicação". Isso por que, ao criar uma conexão verdadeira com o seu interlocutor, cria-se confiança no relacionamento. Ter empatia é assegurar essa conexão e, através disso, gerar um relacionamento baseado na confiança e estado de fluxo entre as pessoas.

Jesus demonstrava empatia pelas pessoas. Ele gerava um estado de conexão com seus discípulos de uma forma tão intensa que até mesmo conseguia discernir os pensamentos profundos.

"Passando seus discípulos para o outro lado, tinham-se esquecido de trazer pão. E Jesus disse-lhes: Adverti, e acautelai-vos do fermento dos fariseus e saduceus. E eles arrazoavam entre si, dizendo: É porque não trouxemos pão. E Jesus, percebendo isso, disse: Por que arrazoais entre vós, homens de pouca fé, sobre o não terdes trazido pão? Não compreendeis ainda, nem vos lembrais dos cinco pães para cinco mil homens, e de quantas alcofas levantastes?". (Mateus 16:5-9).

É correto que esse estado de conexão foi gerado por um poder sobrenatural, mas acredito também que ele nos deu esse poder ao nos fazer de "Pescadores de Homens".

3 - Servir – A arte da liderança

Diferentemente do que muitos pensam sobre liderança, Jesus nos ensinou que a liderança ministerial tem a marca da humildade. O Senhor Jesus é a pessoa que tinha todo o direito de reivindicar que todos os seus discípulos o servissem.

Jesus era a encarnação do próprio Deus, que estava entre os homens, em carne e osso, e que numa atitude extrema de amor, veio para salvar a humanidade. Então poderia pensar: "Eu já estou fazendo o que eles nem merecem. Estou aqui para trazer soluções para um problema que nem é meu; então que eles se toquem! Quero ser servido por eles."

Mas não foi isso o que aconteceu. Se existe um ensinamento que nunca deveríamos deixar passar despercebido é o fato de que a liderança ensinada por Jesus é a liderança que não é de controle. Liderar, na concepção do Mestre, é dar o maior exemplo de servir: "Quem quiser tornar-se importante entre vocês deverá ser servo; e quem quiser ser o primeiro, deverá ser escravo de todos." (Marcos 10:43-44).

Jesus, certa vez conversando com seus discípulos, esclareceu que ele tinha vindo não para ser servido, mas para servir. "Como o Filho do Homem, que não veio para ser servido, mas para servir e dar a sua vida em resgate por muitos." (Mateus 20:26-28). E ele repreendeu os doze dizendo que aquele que quer ser o maior que aprenda a servir. Ser líder é aprender a Arte de servir os Servos.

O líder que entende o princípio de Jesus não tem dificuldade alguma de servir, de ajudar seus discípulos. O líder é uma espécie de ajudador, de facilitador, aquele que auxilia e que trabalha em prol de um objetivo comum da equipe.

Infelizmente, temos visto muitos líderes caírem na soberba de quererem só que outros lhe sirvam. O papel está invertido, e por isso o Coaching Ministerial tem a proposta de reforçar o perfil de líderes servos na liderança cristã. Quem deseja ter sucesso ministerial, precisa aprender o caminho do serviço.

O Serviço Cristão

E ampliando o sentido de serviço cristão para o ambiente de grupo, precisamos retornar a uma igreja servidora das comunidades. Creio que este é um dos "pecados" da igreja da atualidade. Temos esperado que as pessoas cheguem a nossas igrejas, nos cultos de domingo, como se elas fossem atraídas por um ímã, e assim se convertam ao cristianismo.

Não duvido que isso possa acontecer, pois já presenciei alguns testemunhos de pessoas que são levadas pelo Espírito Santo e acabam sendo transformadas por uma palavra que vai de encontro aos seus corações. Realmente Deus, por sua infinita misericórdia e Graça, pode agir da forma que Ele quiser e manifestar seu amor pela sua multiforme graça. Mas esses eventos são isolados e exceções, e por isso não podemos fazê-los de regras. Não tem como fazer isso.

Um dos lemas da Igreja com Propósito, do Pastor Rick Warren, nos Estados Unidos, é que a igreja está no mundo para servir a sociedade. E nós muitas vezes esperamos que as pessoas do mundo venham servir a igreja.

Coaching Ministerial

Estamos muitas vezes preocupados com templos, prédios bonitos e cada vez mais modernos e confortáveis. Lógico que não sou adepto de que temos que deixar o templo onde servimos de qualquer forma, mas é que com frequência estamos mais focados nessas coisas que propriamente no propósito de servirmos uns aos outros, inclusive a comunidade onde vivemos.

O que estou propondo é que devemos criar novas formas, novos modelos e novas estratégias de suprir as necessidades de nossas comunidades. Seja através de obras sociais, de assistência médica, ou até mesmo pelos serviços práticos dos profissionais que estão inseridos no rol de membros das igrejas: médicos, enfermeiros, advogados, psicólogos, coaches, jornalistas, vendedores, contadores, sociólogos, professores etc.

O Serviço Público

Uma das formas de servir a sociedade é com o serviço profissional de atendimento ao público. E infelizmente, em muitos lugares do Brasil, e aqui no Norte não é diferente, sofremos com a cultura do mau atendimento nas repartições públicas, no comércio, nas escolas, nos departamentos administrativos, nos hospitais, nos transportes públicos etc.

Acredito que precisamos elevar o nível de padrão no atendimento da sociedade. Quando prezamos isso estamos demonstrando respeito ao próximo, ao cliente, ao paciente, ao funcionário, ou a quem quer que seja, e tratando com dignidade o ser humano. Devemos saber que ao exercermos o ato de servir, mesmo que não conheçamos cada pessoa atendida, estamos demonstrando que respeitamos a nós mesmos, pois valorizamos o fato de que o que somos pesa mais do que o quanto temos.

"Eu vim para servir, não para ser servido", disse Jesus.

4 – Compaixão – A prática da bondade e misericórdia

A quarta habilidade da metodologia PESCADOR é a Compaixão, que é uma disposição humana que abastece os atos de bondade e misericórdia, e que é despertada dentro de nós quando somos confrontados com aqueles que sofrem ou são vulneráveis. A compaixão frequentemente produz ação para aliviar o sofrimento.

A palavra hebraica (*hamal*) e grega (*splanchnisomai*), traduzidas como "compaixão" na Bíblia, também têm um significado mais amplo, como "mostrar pena", "amar" e "mostrar misericórdia". Outros sinônimos próximos de compaixão, em inglês, são "ser amado por", "mostrar preocupação com", "ser compassivo" e "agir com gentileza".

Jesus demonstrava profunda compaixão pelas pessoas. Compreendia a humanidade das pessoas e que, uma vez ou outra, elas cometiam erros. Ser misericordioso é não agir como as pessoas merecem. É dedicar o perdão que reconstrói o caráter, é estender a mão para aquele que errou. É andar a segunda milha, é ceder a capa, é dar a outra face para o outro bater.

Um dos grandes momentos narrados nos Evangelhos que demonstra o grau de compaixão de Jesus é quando uma mulher é flagrada em pleno adultério.

Coaching Ministerial

Pela Lei dos Judeus, uma pessoa que era pega no ato deveria morrer sob pedradas. Uma turma de fariseus e religiosos raivosos trouxe a mulher aos pés de Jesus e indagou-o sobre o que deveria ser feito. Jesus se abaixa ao chão e, escrevendo algo na terra, lança um desafio: quem não tem pecado que lance a primeira pedra.

Aos poucos, um a um, foram saindo, deixando as pedras caírem, e sequer restou ao menos um que não tivesse pecado. Ficou somente Jesus, seus discípulos e a mulher assustada. Ao que Jesus dialogou com ela, dizendo: "Filha, vá e não peques mais. Quem tem compaixão compreende que todos nós somos carentes de compaixão, pois não existe ninguém perfeito. Não existe ninguém que não tenha errado nessa vida".

Jesus também estendeu sua compaixão para as multidões indefesas (Mt. 9:36), para os doentes (Mt. 14:14), quando viu o povo faminto (Mc. 8:2) e para os homens cegos (Mt. 20:34). O pai que espera (Lc. 15:20) é cheio de compaixão quando vê seu filho rebelde voltar – assim como Deus tem compaixão de nós e nos aceita quando nos arrependemos e voltamos para Ele. Em Mateus 5, no início do Sermão do Monte, Jesus afirmou que bem-aventurados os misericordiosos, pois estes receberão misericórdia.

Nessa arte de atrair as pessoas, a compaixão é fundamental, pois dá uma nova chance para aquele que errou, estabelece pontes para restauração das amizades, permite que tenhamos esperança e nos faz ter a certeza de que uma equipe pode voltar ao caminho do êxito, ao reparar as suas rusgas entre os membros. Compaixão é suspender todo julgamento, dando a liberdade para as pessoas terem suas escolhas. Todos necessitamos de uma segunda chance. Todos precisamos de alguém que estenda a mão com olhar de misericórdia.

5 – Amor – o exercício da doação da vida

Vamos então a quinta habilidade do Método Pescador. Agora, falaremos sobre a atitude que todo líder precisa aprender a ter na vida: amar o próximo. O amor é quesito básico para qualquer coisa que façamos na vida. Nos relacionamentos, no desenvolvimento da profissão, na família, na igreja e em todo lugar.

A primeira coisa que precisamos aprender é dispender desse amor. Um amor que é maduro, correto, livre de falsidade. E há um segredo para este amor. Jesus disse para seus discípulos que eles deveriam amar as pessoas de seu convívio com um amor peculiar, que se assemelha com o amor próprio. Ou seja, à medida que amamos a nós mesmos devemos amar o próximo, com a semelhança deste amor.

Jesus doou sua vida – e o amor é como uma dádiva de presentear o melhor de nossa essência, através da renúncia, do sacrifício. Por isso, o amor é uma doação da vida. Em João 13:14 diz: "Como Eu vos amei, amai-vos também uns aos outros". E esse amor é como o Amor de Jesus, que se entrega em doação.

Desde o seu nascimento até a sua morte, a vida de Cristo Jesus foi evidenciada em sua doação. A Carta de Efésios apresenta Cristo como aquele que se entregou por oferta pelos nossos pecados. Não existe maior amor do que este, de alguém dar a própria vida por amor aos amigos. Jesus entregou a sua vida pela humanidade.

Coaching Ministerial

"E andai em amor, como também Cristo vos amou, e se entregou a si mesmo por nós, em oferta e sacrifício a Deus, em cheiro suave." (Ef. 5:1)

Em Gálatas 1:3-4, diz que ele se entregou voluntariamente:

A todos vós, graça e paz da parte de Deus nosso Pai e do Senhor Jesus Cristo, que se entregou voluntariamente pelos nossos pecados, a fim de nos resgatar deste atual e perverso sistema mundial, segundo a vontade de nosso Deus e Pai.

E a carta de Paulo a Timóteo revela que ele se doou como resgate por todos para servir de testemunho:

Porque há um só Deus e um só Mediador entre Deus e o ser humano, Cristo Jesus, homem. Ele se entregou em resgate por todos, para servir de testemunho a seu próprio tempo. Se queremos aprender a pescar a vida de homens, devemos observar o princípio da doação. O próprio Jesus ensinou que é melhor dar do que receber. Doar faz parte da vida.

O Amor não é dar para ter algo em troca. É doação. É sacrifício. O Sacrifício que fazemos pelas pessoas fará com que as pessoas se voltem para nossa liderança. Muitos líderes querem suas equipes vestindo a camisa do grupo, da empresa, do corpo administrativo, mas não fazem esforço de doar-se.

Se o líder quer fidelidade e honra do discípulo, antes vai precisar dar a sua vida por ele. Não adianta querer forçar alguém a responder com atitudes desejadas, se não existe o esforço de dar a vida. A doação é a entrega da prova da aliança. Muitos líderes ficam exigindo entrega total do liderado, seja em casa, na empresa, na família ou em qualquer lugar.

Ninguém conseguirá sucesso na vida se não doar-se de todo coração pela causa que está abraçando. Fazer discípulos, ensinar os princípios de Deus, requer entrega, renúncia e sacrifício.

João 15:12 – "O meu mandamento é este: Que vos amei uns aos outros, assim como Eu vos amei."

6 – Diálogo – Aprendendo a pensar em conjunto

Vamos então ao sexto ponto do Método Pescador. Agora, falaremos sobre algo muito poderoso para a unidade de uma equipe. O Poder do Diálogo. Segundo Peter Senge, no livro *A quinta disciplina*, o diálogo é quem comanda a aprendizagem na interatividade das pessoas.

Ainda segundo Senge, o diálogo é a capacidade de as pessoas deixarem de lado as ideias preconcebidas e participarem de um verdadeiro "pensar em conjunto". Para os gregos, "diálogos" denotavam o livre fluxo de significado em um grupo, permitindo novas ideias e percepções que os indivíduos não conseguiriam ter sozinhos.

É ainda importante percebermos que uma comunicação desenvolvida no aprendizado, cabe espaço para a discussão, é uma contraparte necessária do diálogo. Aviso logo que a discussão não se trata de briga e confusão. Falo aqui em uma discussão onde os comunicadores apresentam e defendem visões diferentes, provendo uma análise útil de toda a situação.

Equilibrando diálogo e discussão é possível serem apresentadas ideias e visões diferentes, no objetivo de se descobrir uma nova visão. Numa discussão

Coaching Ministerial

saudável, algumas decisões são tomadas, e quando produtivas, as discussões convergem para uma conclusão e uma ação.

Jesus era um mestre do diálogo. Em vários momentos, os quatro Evangelhos apresentam episódios narrando momentos dele com pessoas que, na maioria das vezes, eram marginalizadas e repudiadas pela sociedade.

Vemos Jesus dialogando com Publicanos (cobradores de impostos), com a mulher Samaritana (os judeus não falavam com samaritanos e ainda mais sendo mulher), com fariseus, mestres da lei, pecadores e gente de toda espécie.

O que Jesus fazia ao dialogar com essas pessoas era compreender as ideias que estavam na mente delas e trazia através de palavras simples, a melhor compreensão desses pensamentos e oferecia a elas uma mudança de mente e atitudes. Ao dialogar, Jesus abria espaço para as pessoas falarem suas ideias, mas também provoca reflexão e revelação dos pensamentos profundos.

As pessoas necessitam de alguém que tenha um diálogo maduro, que saiba discutir e pôr as ideias contrapondo os pensamentos diferentes, para que se chegue a uma síntese, e assim surjam novas possibilidades de crescimento. O diálogo abre portas para o compartilhamento de ideias sem julgamentos, e é um caminho para que se chegue às melhores respostas.

7 – Ouvir na essência

Essa habilidade é, a meu ver, uma das principais habilidades que todo ser humano precisa desenvolver no seu dia a dia. Ela serve em qualquer relacionamento. Ouvir na essência é fundamental para nos tornarmos pescadores dos relacionamentos humanos.

Uma das principais necessidades básicas do ser humano é encontrar alguém que o ouça.

Ouvir aqui não é simplesmente parar para ouvir as histórias do outro, ou as lamúrias e queixas alheias. É na verdade ter a habilidade de se envolver na vida do próximo, com a prioridade de compreender, de ouvir a alma sedenta, de encontrar a verdadeira mensagem que a outra pessoa está querendo transmitir.

É saber ler nas entrelinhas, e aprender a ouvir o que está sendo dito, mas também o que não está sendo dito. Ouvir na Essência é o que a Psicologia chama de Escuta Ativa.

"Escutar envolve muito mais do que ouvir uma mensagem, a escuta ativa pressupõe disponibilidade, interesse pela pessoa e pela comunicação, compreensão da mensagem, espírito crítico e alguma prudência na interpretação." (Rego, 2007)

A escuta ativa compreende a comunicação oral, mas também a não verbal, ou seja, aquela dita através dos gestos, emoções, postura, expressão facial, gestos, olhar, movimentação das mãos, pernas e pés, respiração.

E nessa arte de ouvir, Jesus foi um grande exemplo. Ele como representante máximo de Seu Pai, que sempre deixou pistas em toda Bíblia do grande interesse em ouvir o Seu povo, principalmente através da oração, também demonstrou estar disposto em ouvir as pessoas de seu convívio. Em um dos seus diálogos, junto ao poço, em Samaria, Jesus demonstrou essa escuta ativa, ao conversar com a mulher samaritana.

Coaching Ministerial

Assuntos importantes foram mencionados naquele diálogo, desde a necessidade básica que aquela mulher tinha, como encontrar a verdadeira água que saciasse a sede de sua alma, até questões extremamente importantes na religiosidade do povo daquela época, como o verdadeiro lugar e a verdadeira forma de adorar a Deus, que é o coração do homem, através de um coração sincero e humilde.

É importante também mencionar que aquela conversa não foi realizada num ambiente, clima e lugar adequados. Era meio-dia, no meio de um deserto, junto ao poço e com um calor que deveria estar insuportável. Mas se Jesus não tivesse parado para ouvir na essência aquela mulher, não teríamos o verdadeiro teor da principal vontade de Deus, que é de encontrar em suas criaturas a verdadeira adoração, que não está num lugar físico, nem em uma religião, mas na alma e coração verdadeiros do homem, que reconhece a essência de Seu Deus. "Deus é espírito e importa que o adoremos em espírito e em verdade".

8 - Respeito pelo próximo

A qualidade que fecha o ciclo do Método Pescador é tão importante quanto a primeira e todas as demais. E penso que sem essa habilidade os verdadeiros conflitos e guerras entre os homens e nações são estabelecidas. Estou falando do respeito ao próximo. Respeitar e ser respeitado é uma necessidade sine qua non em toda e qualquer relação.

O respeito é permitir que o outro manifeste sua opinião sem controles ou manipulações. Respeitar é aceitar o próximo da forma como ele é, e isso requer maturidade espiritual da nossa parte. E justamente por falta dessa maturidade nascem as lutas, conflitos e guerras.

Quando respeitamos alguém nós demonstramos disposição em reconhecer a importância dessa pessoa, aprendendo a respeitar as diferenças. Não significa aceitar ou concordar com os pensamentos do outro, mas em zelar pela responsabilidade, cooperação, solidariedade baseados no amor verdadeiro. É conviver com as diferenças e praticar o respeito sem julgar o próximo.

Em quantas brigas entre casais, entre amigos ou irmãos não ouvimos a frase: "Me respeite"? O que se está querendo dizer? Aceite o limite entre mim e ti. Aceite a minha necessidade de ser valorizado, mesmo tendo pensamentos contrários aos seus.

Enquanto caminhou na Terra, Jesus respeitava as pessoas. Ele aprendeu a conviver com a intolerância humana. Ele caminhou com cobradores de impostos, com ladrões, com prostitutas, com fariseus, religiosos, pecadores, sem julgá-los, e sempre oferecendo oportunidade de chegar a acordos de convivência.

Respeitar é exatamente saber onde andar. É conhecer os limites humanos. É saber que existe um ponto onde a pessoa me permite entrar. Após esse limite, não tenho o direito de ultrapassar. Quando respeitamos, estamos dispostos a chegar ao ponto do limite e permanecer lá, e até mesmo recuar, enquanto a pessoa não me permite avançar.

Pescando o coração das pessoas

O Método Pescador visa formar homens e mulheres, com capacidade de liderança que conquiste

Coaching Ministerial

a alma e o coração das pessoas. Também capacitar e treinar líderes pescadores de homens que venham ter a Percepção do valor do ser humano, firmando uma parceria, entre discipulador e discípulo, conectando a Empatia, numa forma de sentir a dor do outro, e formar verdadeiros Servos Humildes que tenham prioridade de servir o próximo com a humildade.

Não devemos nunca nos esquecer de ter Compaixão, através da Bondade e Misericórdia, compreendendo que cada uma das pessoas que convivem são pessoas ainda imperfeitas, por isso demonstrar o Amor, que doa a vida. Nosso amor não deve ser baseado no conceito de dar para receber algo em troca.

Também necessitamos estar abertos ao Diálogo, que é a melhor maneira de aprendizado, e que nos ensina a pensar em conjunto, não somente como pessoa individualizada, mas que compreende a necessidade de compartilhar as suas ideias para promover novas ideias e visão de melhoria contínua.

Além disso, precisamos praticar a escuta ativa, ou seja, ouvir na essência, criando uma sintonia fina com o nosso interlocutor, e assim promovermos o Respeito pelo próximo, que nos diz os limites onde podemos ir e valorizar as pessoas, mesmo tendo pensamentos diferentes. Assim, contribuiremos para a melhoria dos relacionamentos e com uma vida melhor para a nossa geração e para as futuras.

Modelo PESCAR

P – Percepção do outro – dinâmica de conhecimento. Percepção de detalhes.

E – Escuta Ativa – Estabelecer um diálogo participativo entre duas pessoas.

S – Soluções nos Conflitos e Problemas – Coaching em grupo para solucionar cases.

C – Comunicação e Feedback – Jogo dos símbolos e *feedback* progressivo.

A – Aprendizagem por Equipe – Discutir um tema com grupos pequenos.

R – Respeitando a opinião alheia – Dinâmica de provocar diálogos polêmicos.

Capítulo 11

O COACHING E O MINISTÉRIO QUÍNTUPLO

Sabemos que há cinco ministérios descritos em Efésios 4:11, e que esses ministérios servem para a edificação do Corpo de Cristo. Entender os dons ministeriais de uma forma sistêmica será de suma importância para aplicarmos o Coaching Ministerial, que estará dando base para o treinamento de aperfeiçoamento de cada um dos discípulos de Jesus.

O Coaching Ministerial visa trabalhar na prática a Visão Sistêmica, que é essencial para entender o aprendizado de uma forma globalizada. Assim, pretendemos colaborar com o crescimento prático da igreja, através de metodologias que estimulam as equipes ministeriais a serem integradas num sistema que deverá ser compreendido no trabalho de unidade e integração do Corpo de Cristo em seus ministérios.

Coaching Ministerial

E a palavra que mais definirá essa integração nos ministérios é "Metanoia", que significa mudança de mentalidade. Para os gregos, significava uma mudança ou alteração fundamental ou, mais literalmente, transcendência (meta – acima ou além) da mente (noia – da raiz nous, que significa mente). E na tradição cristã, a palavra metanoia tem um significado especial, que sintetiza a mensagem dos primeiros cristãos: despertar da intuição e o conhecimento direto de Deus.

Entender o sentido de "metanoia" é entender o significado mais profundo de aprendizagem, que envolve uma alteração fundamental da mente. Através da aprendizagem recriamos e chegamos ao coração do que significa humanidade, pois tornamo--nos capazes de fazer algo que nunca fomos capazes de fazer antes. Pela aprendizagem, percebemos o mundo e a nossa relação com ele. Pela aprendizagem, ampliamos nossa capacidade de criar, de fazer parte do processo gerador da vida.

Segundo o antropólogo Edward Halls, os "Seres humanos são os organismos que aprendem por excelência". Então, entender o significado básico de uma igreja que aprende é entender que a igreja está continuamente expandindo sua capacidade de criar seu futuro.

Os cinco Ministérios e as cinco Disciplinas
Toda a base do Coaching Ministerial é a Palavra de Deus, amparada no livro de Efésios 4:11-12, onde apresenta o Ministério Quíntuplo da Igreja de Cristo. São eles: Apóstolos, Profetas, Evangelistas, Pastores e Mestre, que funcionam como um sistema interligado, para edificação do Corpo de Cristo.

O apóstolo Paulo compara a igreja a um corpo, que tem vários membros que dependem uns dos outros, assim como acontece com o corpo humano. E o crescimento desse corpo se dá através dos ajustes de seus membros para o bom funcionamento. É justamente aqui que entra o Coaching Ministerial, como ferramenta de ajuste do Corpo Ministerial de Cristo. Uma ferramenta que irá trabalhar o Pensamento Sistêmico da Igreja, através da Mente de Cristo, que é o cabeça.

Assim como as cinco Disciplinas do Aprendizado de Peter Senge trabalha a Visão Sistêmica, vamos trabalhar paralelamente a metáfora das cinco disciplinas relacionadas com os cinco ministérios apresentados pelo apóstolo Paulo.

As disciplinas utilizadas por Senge são: Pensamento Sistêmico, Domínio Pessoal, Modelos Mentais, Visão Compartilhada e Aprendizado com Equipes. Simetricamente, elas se encaixam perfeitamente aos cinco Ministérios da Igreja de Cristo.

Ao percebermos esse paralelo, teremos uma visão ampliada do Corpo de Cristo, que funciona como um sistema interligado de ministérios, e que precisam ser bem ajustados para que funcionem perfeitamente na Terra. Se uma peça desse sistema não estiver corretamente engrenada, todo o sistema sofrerá avarias e, com isso, o Reino de Deus será prejudicado.

Nasce então, assim, as Cinco Disciplinas Ministeriais, que é uma espécie de fusão das cinco disciplinas de Peter Senge e os cinco Ministérios do Corpo de Cristo.

Coaching Ministerial

1 – Pensamento Apostólico de Integração (PAI)

O Pensamento Apostólico de Integração, que abrange o Pensamento Sistêmico, é uma disciplina que integra todas as demais disciplinas de aprendizagem. Ela nos dá a compreensão de que qualquer empresa, ou qualquer outra organização, incluindo aqui uma congregação ou uma igreja local, que também são sistemas, faz essa integração em um corpo coerente de teoria e prática. É como uma conexão de fios invisíveis de ações inter-relacionadas, que muitas vezes levam anos para manifestar seus efeitos umas sobre as outras.

Dentro do ministério quíntuplo na Igreja de Jesus, revelado por Efésios 4:11, o apóstolo tem a responsabilidade de fazer a integração de todos os demais ministérios. Curiosamente, alguns estudiosos comparam a mão do ser humano, como uma figura dos ministérios existentes, e apresentam cada um dos cinco dedos da mão como representantes simbólicos desses ministérios. E o dedo polegar, que tem facilidade de tocar todos os outros dedos da mão, é atribuído à figura do apóstolo, que tem acesso facilmente a todos os demais ministérios, numa espécie de integrador do sistema ministerial.

Desta forma, o Ministério Apostólico será o responsável pelo desenvolvimento do pensamento sistêmico da Igreja como um todo. O pensamento sistêmico é chamado por Peter Senge de "A quinta disciplina", que tem a função integradora das demais disciplinas.

No paralelo do Coaching ministerial, o Pensamento Apostólico de Integração desenvolverá a cons-

182

trução das doutrinas e nos permitirá enxergar a compreensão do todo, além de trabalhar a habilidade da proatividade. O apóstolo é o construtor que fundamenta o ministério através das doutrinas apostólicas, que fundamentam os ensinos de aprendizagem.

Então desenvolver a função apostólica será, na prática, construir os fundamentos da Palavra de Deus na Igreja, que são os fundamentos de Cristo, permitindo um maior desenvolvimento desse aprendizado.

2 – Domínio Pessoal de Crescimento

A Disciplina do Domínio Pessoal de Crescimento começa esclarecendo os valores que são realmente importantes para nós, levando-nos a viver a serviço de nossas mais altas aspirações ministeriais. É a disciplina que continuamente nos esclarece e aprofunda nossa visão pessoal, de concentrar nossas energias, de desenvolver paciência e de ver a realidade com objetividade.

A igreja é um organismo vivo de pessoas. E trabalhar pessoas individualmente é fundamental para que o corpo cresça. Temos que compreender que uma organização só aprende por meio de indivíduos que aprendem. Domínio pessoal é ter compromisso com a verdade do aprendizado.

Domínio pessoal fala de conhecimento de si mesmo. É ter uma visão pessoal de si próprio. É o desejo de querer crescer e, para que haja esse crescimento, é necessário haver o autoconhecimento, a consciência de que temos pontos fortes e pontos de melhoria a desenvolver. A figura para esta disciplina é o Profeta.

Coaching Ministerial

A função do profeta na igreja é apontar caminhos, dar a direção, corrigir os caminhos tortuosos e estabelecer estratégias para que ninguém se desvie nos caminhos de Deus. Voltando para a metáfora das mãos, o dedo que representa os Profetas é o indicador, que simboliza o norteamento dos passos da igreja, na direção certa dos caminhos excelentes da Palavra de Deus.

O Profeta é aquele que tem o dom da *profeteia*, que no grego significa o dom de transmitir as palavras que vem direto do trono da Graça, tendo a habilidade de divulgar e profetizar a Palavra de Deus. E a Palavra de Deus é o nosso espelho, que desvenda quem realmente somos (1 Cor. 13:9-12)

Quando há a admoestação do profeta para corrigir os passos da igreja, isso demonstra que toda vontade e decisão de seguir o caminho da retidão requer de cada um de nós o domínio pessoal. Domínio no autoconhecimento, domínio na organização, domínio no conhecimento, domínio nos impulsos, domínio nos temperamentos, domínio no desenvolvimento dos pontos fortes e domínio nos pontos que precisamos melhorar.

O Ministério profético então servirá de caminho para o autoconhecimento de dons, talentos e habilidades e a justa análise dos perfis de todos aqueles que nos cercam.

3 – Modelos mentais de renovação

Os Modelos mentais são pressupostos profundamente arraigados, generalizações ou mesmo imagens que influenciam nossa forma de ver o mundo e de agir. Às vezes não temos consciência de nossos modelos mentais ou de seus efeitos sobre o nosso comportamento.

Ariel Nobre

A Bíblia fala que assim como o homem se imagina, assim ele é. Tudo começa na mente. A nossa guerra maior no dia a dia é justamente no campo mental. E sendo conhecedor profundo disso, o apóstolo Paulo nos adverte que devemos renovar a nossa mente constantemente, para não cairmos na conformidade com os pensamentos do mundo.

Os modelos mentais podem ser construídos pelas crenças limitantes que temos de nós mesmos: "Não vou conseguir! Está difícil de continuar! Eu não presto, sou um miserável pecador!"

Se não acreditamos que somos prósperos, será muito difícil prosperar nessa vida. Mas toda alma próspera persevera e prevalece nos projetos de vidas. Em 3 João 1:2 diz: "Amado, desejo que te vá bem em todas as coisas, e que tenhas saúde, assim como vai bem a tua alma".

O ministério bíblico que se associa com os modelos mentais é o Ministério do Evangelista, porque o Evangelho é a única arma eficaz que temos contra os sofismas e filosofias do mundo. Em II Coríntios 4:4, o diabo cegou a mente dos incrédulos, para que não lhes resplandeça a luz do Evangelho de Cristo. Então acredito que o Evangelho vem para destruir as fortalezas de satanás e trazer uma nova mentalidade para o povo de Deus.

O ministério evangelista vem para quebrar as correntes da mentalidade das trevas e traz um novo modelo de mentalidade, cheia de luz, de graça, de verdade, de esperança, de certeza de vitória. Não é à toa que a Bíblia está cheia de verdades a nosso respeito:

Coaching Ministerial

"Somos mais que vencedores...", "Tudo posso naquele que me fortalece"... "Aquele que está em Cristo, nova criatura é. As coisas velhas já passaram, e tudo se fez novo", "Nada nos separará do amor de Deus, que está em Cristo Jesus"...

O Coaching Ministerial irá trabalhar na Disciplina Modelos Mentais de Renovação, virando o espelho para dentro. Aprenderemos a desenterrar nossas imagens do mundo, levando-as para a superfície e aprender a mantê-las em análise, no intuito de trazer uma nova percepção de mentalidade, reconstruindo e dando novos significados para nossa história, renovando a nossa mente e trazendo padrão de mente vitoriosa para os discípulos de Cristo.

4 – Visão Pastoral Compartilhada

Aprender sobre liderança é aprender sobre Visão Compartilhada. Um bom líder é aquele que tem a capacidade de compartilhar uma imagem clara do futuro que buscamos criar. A liderança eficaz não pode estar ausente do compartilhamento profundo de definição de metas, valores e missões.

O líder que consegue compartilhar a visão pura e verdadeira terá ao seu redor as pessoas que dão tudo de si e aprendem, não porque são obrigadas mas porque querem. A Disciplina a ser trabalhada pelo Coaching Ministerial é a habilidade de transformar uma visão individual em uma visão compartilhada, através de um conjunto de princípios e práticas orientadoras.

E o que se requer da prática da Visão Compartilhada é o envolvimento das habilidades de descobrir "imagens do futuro" compartilhadas, para estimular o compromisso genuíno e o envolvimento dos liderados, em lugar da simples e mera aceitação. Os líderes que dominarem essa disciplina serão capazes de aprender como é contraproducente tentar ditar uma visão, por melhores que sejam suas intenções.

O Ministério Pastoral é o que mais se encaixa com essa disciplina. A figura de um pastor cuidando de ovelhas denota amor, cuidado, compaixão, amizade e confiança. Essa imagem nos aponta para o potencial mais poderoso para qualquer grupo e equipe que deseja produzir sem impedimento. É o potencial do poder dos relacionamentos.

No Coaching Ministerial iremos trabalhar o Líder Coach, como ferramenta para alavancar o ministério pastoral. Um Líder Coach tem a capacidade de desenvolver técnicas que aproximam a liderança de seus liderados. Ouvir na essência, ter empatia e saber extrair o melhor de seus discípulos são habilidades necessárias para um pastor completar com eficácia seu ministério.

Saber compartilhar a Visão do Reino de Deus, e o Evangelho das Boas Novas de Jesus Cristo, é essencial para que a igreja entenda perfeitamente seu papel aqui na Terra. Essa Visão jamais deve ser empurrada, ou ditada sob imposição de um líder tirano, mas transmitida na essência para que o mundo venha conhecer o verdadeiro papel do Corpo de Cristo.

5 – A igreja que aprende

O objetivo de desenvolver a disciplina "A IGREJA QUE APRENDE" é levar o corpo de Cristo a realmente aprender como organismo vivo, produzindo resul-

Coaching Ministerial

tados extraordinários, mas não só isso, também levar seus integrantes a crescerem com maior rapidez do que ocorre na maioria das vezes.

O diálogo é quem comanda a disciplina da aprendizagem em equipe. Diálogo é a capacidade dos membros deixarem de lado as ideias preconcebidas e participarem de um verdadeiro "pensar em conjunto". Para os gregos, "dia-logos" denotava o livre fluxo de significado em um grupo, permitindo novas ideias e percepções que os indivíduos não conseguiriam ter sozinhos.

A figura principal que irá encarregar-se da condução da aprendizagem em equipe na Igreja de Cristo é o Mestre, que trabalha em grande parceria com o pastorado. É comum encontrarmos pastores e mestres, atuando juntos no corpo de Cristo. O Mestre tem a capacidade do ensino, e isso tem muito mais importância do que imaginamos. Infelizmente, os mestres não são muito bem reconhecidos na maioria das denominações cristãs, hoje em dia. Necessitamos urgentemente da profusão do ministério dos mestres na igreja.

Os Mestres farão toda diferença numa igreja local que dá liberdade para o ensino. Entretanto, entendo que este ensino já tem sofrido muitas mudanças significativas, principalmente da forma tradicional que fomos acostumados a aprender em nossas escolas, principalmente aqui no Brasil.

Capítulo 12

AS FASES DO COACHING MINISTERIAL

O Coaching Ministerial tem como finalidade a preparação de líderes capazes, tementes a Deus, homens de verdade, que odeiem a avareza e que busquem a excelência e perfeição ministerial. E isso será possível através das fases de implantação de todo o programa do Coaching Ministerial.

As fases de implantação do Coaching Ministerial têm como foco a estratégia de divulgar a cultura de coaching no meio ministerial, através de treinamentos e processos que conscientizem o cristão no chamado de sua vocação e compreenda que existem ferramentas que nos ajudam a encontrar o caminho do aprendizado e nos conduzem para algumas ações práticas de desenvolvimento em todas as áreas.

Coaching Ministerial

Visamos introduzir o assunto do Coaching Ministerial através de um seminário de três dias, em que pretendemos levar o conhecimento do coaching para o cristão, começando desde a história do surgimento do coaching, e levando o cristão a compreender a importância e necessidade do coaching como instrumento que vem somar no ministério.

Um passeio pela Bíblia nos possibilitará encontrar alguns processos de coaching relacionados com as histórias de grandes homens e mulheres de Deus. Também será definido alguns parâmetros do Coaching Cristão, diferenciando em alguns pontos do Coaching Tradicional.

Após essa abertura de mente inicial, então se abre a oportunidade para todos aqueles que desejarem submeter-se pelo processo de Coaching Ministerial propriamente dito. Nessa fase, líderes e cristãos terão a possibilidade de encontrar seus ideais, metas pessoais, dons ministeriais e serem desenvolvidos em suas mentes, dons e habilidades, potencializando cada mente e acelerando os resultados.

Geralmente, um processo de coaching pode ser completo aproximadamente com dez a doze sessões, para levar o cliente a cumprir os seus objetivos pessoais. O Coaching Ministerial conduzirá o líder cristão na descoberta de seu propósito de vida, missão, visão e valores, ligados ao seu ministério.

Já na fase posterior, ofereceremos um programa para Executivos e Empresários cristãos, que serão conduzidos numa jornada rumo ao sucesso empresarial e ao treinamento de suas equipes. O método a ser utilizado aqui é o Método CEM, que prevê um processo de aproximadamente cem dias.

Estaremos também oferecendo a implantação do Programa "A Igreja que Aprende", que compreende a execução prática das cinco Disciplinas Ministeriais. Desde a análise das necessidades da igreja local, implementando o crescimento através de um programa de aproximadamente um ano.

A fase seguinte prevê o lançamento on-line dos cursos "Coaching Ministerial", no qual o projeto se estenderá pelas nações via internet, e finalmente a fase de fechamento treinará novos coaches ministeriais, que serão engajados na missão do Coaching Ministerial, que é levantar homens e mulheres que tenham o chamado de extrair o melhor de seus discípulos.

A seguir, um esboço das cinco fases do programa Coaching Ministerial.

FASE 1 – SEMINÁRIO APRESENTANDO O COACHING MINISTERIAL

Na primeira fase do Coaching Ministerial, estaremos mergulhados num Seminário de dois a três dias, em que trabalharemos a base do curso, ensinando alguns princípios do coaching, suas metodologias, sua base histórica e conceitos, dando base bíblica ao curso, buscando referências na palavra de Deus, que direcionam para uma vida de alto desempenho ministerial.

Nesta fase, levaremos cada discípulo coachee a compreender seus dons e talentos, e ajudaremos a descobrir seu propósito e missão de vida. Também desa-

Coaching Ministerial

fiaremos cada pessoa que irá passar pelo treinamento a assumir um compromisso de ler a Bíblia, ao menos uma vez, durante o período do processo de coaching.

Dia 1 – No primeiro dia do Curso Coaching Ministerial, será ministrada a introdução ao coaching, dando base para o conhecimento da metodologia, técnicas e ferramentas do coaching, facilitando o entendimento do Coaching Ministerial; neste dia também serão apresentadas algumas curiosidades bíblicas, será trabalhada a diferença do coaching tradicional e do coaching cristão.

Dia 2 – O treinamento aprofundará a questão do Coaching Ministerial, desde sua base bíblica, origem, objetivos, e também será traçado um paralelo dos cinco ministérios com as cinco disciplinas de aprendizagem de Peter Senge.

Dia 3 – Este dia será destinado a práticas de disciplinas que irão trabalhar a performance ministerial, em todos as modalidades: INTEGRAÇÃO, DOMÍNIO, MODELO, VISÃO E APRENDIZAGEM.

FASE 2 – PROCESSO DE COACHING MINISTERIAL

O curso presencial do Coaching Ministerial é apenas o início. Após a conclusão do curso em três dias, dar-se-á a implantação do Processo de Coaching Ministerial, que será aplicado em dez sessões (a média de sessões de coaching), tanto no modo pessoal quanto no modo por equipe. O processo também poderá ser realizado via on-line, (Skype, Hangout, sistemizeCoach etc;)

FASE 3 – IMPLANTAÇÃO DO PROGRAMA "IGREJA QUE APRENDE"

Um programa completo de "A igreja que aprende" baseado nas cinco Disciplinas Ministeriais, começando com a consultoria de análise das necessidades da igreja local, e aplicando as disciplinas na igreja.

FASE 4 – CURSOS ON-LINE DE COACHING MINISTERIAL

Paralelamente ao desenvolvimento do Processo de Coaching Ministerial (fase 2) e da ministração do Curso presencial (fase 1), estaremos lançando a fase 3 do Coaching Ministerial, que visa a implantação do Curso On-line de Coaching Ministerial, que será desenvolvida por Marketing Digital. Esta fase já está em construção.

FASE 5 – FORMAÇÃO DE COACHES MINISTERIAIS

E por último, a fase 5 do Coaching Ministerial prevê o Curso de Formação de Coaches Ministeriais (provavelmente a partir de 2017), que tem a finalidade de formar profissional e ministerialmente coaches com o perfil ministerial, multiplicando a divulgação do Coaching Ministerial e levando a igreja a experimentar dos benefícios do processo de coaching.

Epílogo

Abre-se um novo tempo de esperança para o desenvolvimento do discipulado cristão, através de um treinamento dinâmico, consciente e inteligente, com

Coaching Ministerial

a proposta de utilizarmos as ferramentas do coaching de uma forma segura e coerente, entendendo que esses são dias de multiplicação das ciências humanas, e que devemos nos utilizar dos benefícios desse crescimento, avançando nas técnicas, e nas experiências empíricas da liderança coach.

O Coaching Ministerial surge como um marco de novos patamares, entendendo que ainda estamos "engatinhando" na criação desta nova modalidade do coaching. É correto dizer, no entanto, que o Coaching Ministerial é produto não somente de uma mente, mas do fruto e esforço de uma equipe composta por líderes cristãos que tem se dedicado em apresentar uma linha equilibrada e coerente do coaching com o Evangelho, não deixando de valorizar o coaching tradicional que tem se expandido por vários países do mundo, entre as milhares de organizações, empresas e indivíduos que já experimentaram o crescimento e aceleramento de resultados em sua vida pessoal, profissional, familiar e financeira.

Agora é momento de expandir o coaching em terreno ministerial, entre aqueles que têm um chamado vocacional, dado por Deus, e que desejam encontrar a rota do sucesso, através da apresentação do fruto de seu penoso trabalho, como diz os Salmos 126.

O Coaching Ministerial visa aplainar caminhos e facilitar rotas, para que você chegue mais veloz na sua meta, e obtenha maior sucesso na sua história. Que a perfeição seja a sua meta, e mantenha-se no empenho de guardar-se preparado para a corrida que está proposta, e assim como o apóstolo Paulo, deixe as coisas que para trás ficam e prossiga no rumo do prêmio da soberana vocação.

Estamos às suas ordens, e queremos oferecer a cada igreja e liderança a oportunidade de crescer, multiplicar seus potenciais, de dar frutos e resultados surpreendentes e dominar na arte de fazer discípulos, através do crescimento de relacionamentos saudáveis e tornando-se verdadeiros pescadores de homens.

Referências

BLOCH, Vick. MENDES, João. VISCONTE, Luiz. *Coaching executivo. Uma questão de atitude, Rio de Janeiro*. Elsevier, 2012.

BLANCO, Valéria Bastos. *Um estudo sobre a prática de Coaching no ambiente organizacional e a possibilidade de sua aplicação como uma prática de gestão do conhecimento*. Dissertação de mestrado em Gestão do conhecimento e tecnologia da informação, UCB. 2006.

FERREIRA, Marcos Aurélio de Araújo. *Coaching, um estudo exploratório sobre a percepção dos envolvidos: organização, executivo, coach*. Dissertação de mestrado em Administração, USP. 2008.

MARQUES, José Roberto. *Business and executive coaching*. IBC, 2013.

MARQUES, José Roberto. *Coaching & carreira*. IBC, 2013.

MARQUES, José Roberto. *Leader coach*. IBC, 2012.

MARQUES, José Roberto. *O poder do coaching. Ferramentas, foco e resultados. Aprenda com especialistas a despertar o potencial infinito do ser humano*. IBC, 2013.

VIEIRA, Paulo. *O poder da ação. Faça sua vida ideal sair do papel*. São Paulo, Editora Gente, 2015.

ANTUNES, Célio. *Carreira 360 graus. Como planejar, estruturar, empreender uma carreira vencedora*. Gente, 2013.

SENGE. Peter M. *A quinta disciplina. A arte e a prática da organização que aprende*. BestSeller. 2014.

CATALÃO, João Alberto; PENIM, Ana Teresa. *Ferramentas de coaching*, 4. ed. Lidel. 2011.

HUNTER, James C. *O monge e o executivo. Uma história sobre a essência da liderança*. Sextante, 1998.

HUNTER, James C. *De volta ao mosteiro. O monge e o executivo*

Coaching Ministerial

falam de liderança e trabalho em equipe. Sextante, 2014.

PERCIA, André; JULIANI, Bruno; SITA, Mauricio. *Coaching para alta performance e excelência na vida pessoal.* Literare Books, 2014.

NOBRE, Ariel. Capitulo 12, *Potencial, a semente da liderança de alta performance, in Coaching para alta performance e excelência na vida pessoal.* Literare Books, 2014.

Vídeos

THEML, Geronimo. *Ferramentas de coaching. O que é Coaching em 4 minutos.* Disponível em: <https://www.youtube.com/watch?v=3RyOzksrQmo>, acesso em 18 jun. 2017.

THEML Geronimo. *Super coach, profissão coach, ferramentas de coaching.* Disponível em: <https://www.youtube.com/watch?-v=o071NnEzjuM>, acesso em 18 jun. 2017.

Impressão e acabamento
Rotermund
Fone (51) 3589 5111
comercial@rotermund.com.br